बलराम शुक्ल

बलराम शुक्ल का जन्म 19 जनवरी, 1982 में गोरखपुर के सोहरौना राजा नामक गाँव में हुआ। स्नातक तक की शिक्षा गोरखपुर से तथा स्नातकोत्तर एवं शोध दिल्ली विश्वविद्यालय से किया। संस्कृत के अतिरिक्त उन्होंने फ़ारसी में भी स्नातकोत्तर की उपाधि ली है तथा अरबी भाषा का उच्चतर प्रमाणपत्र पाठ्यक्रम उत्तीर्ण किया है।

वे संस्कृत तथा फ़ारसी दोनों भाषाओं के कवि हैं। 'परीवाह:', 'लघुसन्देशम्' तथा 'कवितापुत्रिकाजाति:' शीर्षकों से उनके तीन संस्कृत कविता-संग्रह प्रकाशित हैं। भाषाविज्ञान तथा संस्कृत साहित्य सम्बन्धी अन्य विषयों पर इनकी चार और पुस्तकें भी प्रकाशित हैं। वे संस्कृत तथा फ़ारसी साहित्य का पारस्परिक अनुवाद भी करते हैं।

उन्हें 'बादरायण व्यास सम्मान', उत्तर प्रदेश संस्कृत संस्थान के 'कालिदास सम्मान' तथा मन्दाकिनी विद्वत् परिषद् द्वारा 'विद्यासागर' की उपाधि से सम्मानित किया गया है।

फ़िलहाल वह दिल्ली विश्वविद्यालय के संस्कृत विभाग में प्राध्यापक हैं।

ई-मेल : shuklabalram82@gmail.com

डॉ. बलराम शुक्ल युवा संस्कृतज्ञों में अपनी अलग ही जगह रखते हैं। उनके जैसे सक्षम और प्रतिबद्ध विद्वान् द्वारा देवनागरी लिपि तक सीमित पाठकों की पहुँच में फ़ारसी साहित्य के मूर्धन्य कवि रूमी की रचनाओं में से एक सुन्दर चयन पहुँचाने का प्रयास स्तुत्य है। अपने संस्कृत, फ़ारसी तथा अरबी भाषाओं के ज्ञान का पूरा सदुपयोग उन्होंने इनके साहित्य के तलस्पर्शी अध्ययन हेतु किया है और उनके स्वारस्य में पूरी तरह मग्न हुए हैं। साहित्य से इन्हें वास्तविक प्रेम है और उसके निर्वाह के लिए ये आवश्यक क्षमता से सम्पन्न भी हैं। रूमी जैसे महाकवि के काव्य का हिन्दी अथवा संस्कृत में अनुवाद करने के लिए फ़िलहाल मेरी समझ में कोई दूसरा व्यक्ति उपयुक्त नहीं है।

अनुवाद करना एक असम्भव कृत्य को सम्भव करके दिखाने का संकल्प है। संस्कृति और भाषा का सम्बन्ध कुछ ऐसा अविच्छेद्य है कि संस्कृति की सारी तहें एक भाषा में मौजूद होती हैं और भाषा की सारी लयकारियाँ एक संस्कृति का बखान करती हैं। इस अनुवाद में इन्होंने लक्ष्य में गद्य लिया है और पद्य-लेखन का प्रलोभन छोड़ दिया है जिससे वे शब्दार्थ पर सीधे-सीधे ध्यान दे सके हैं और हिन्दी काव्य-रचना के अतिरिक्त धर्म-निर्वाह का उत्तरदायित्व उन पर नहीं रहा है। मैं यह आशा करता हूँ कि यह रचना अधिक-से-अधिक पाठकों को आनन्द देगी और उनमें फ़ारसी साहित्य के प्रति उत्सुकता जगाएगी।

—वागीश शुक्ल

रूमी की ग़ज़लों का मूल फ़ारसी भाषा से सीधे हिन्दी अनुवाद 'निःशब्द नूपुर' अपनी तरह का पहला कार्य है। यह कार्य संस्कृत तथा फ़ारसी दोनों में दक्ष बलराम शुक्ल की प्रतिभा और लगन से ही सम्भव हो सका है। भारत और ईरान के मध्य सांस्कृतिक संवाद के द्वार खोलती यह एक महत्त्वपूर्ण कृति है जो अपने पाठकों को आध्यात्मिक अनुभूति की गहराइयों और ऊँचाइयों तक ले चलती है। मुझे पूरा विश्वास है कि हिन्दी जगत् इस प्रयास का स्वागत करेगा।

—गिरीश्वर मिश्र

डॉ. बलराम शुक्ल उन विरल भारतीय विद्वानों में हैं जो फ़ारसी भाषा में कविताएँ भी कर सकते हैं। उन्होंने मौलाना रूमी की कुल 4000 ग़ज़लों में से 1500 से अधिक ग़ज़लों का अध्ययन एवं विश्लेषण करके सबसे सुन्दर 100 ग़ज़लों का चुनाव किया है। इस अनुवाद की प्रमुख विशेषता यह है कि इसमें रूमी की मूल आत्मा को सुरक्षित रखते हुए इसे सरल, सुन्दर, प्रांजल तथा हिन्दी में प्रस्तुत किया गया है। यह महनीय कार्य सम्भव न हो पाता अगर डॉ. शुक्ल का फ़ारसी भाषा तथा साहित्य पर असाधारण अधिकार न होता। यह कार्य एक सफल एवं मूलानुगामी अनुवाद के रूप में उपस्थित हो पाया है। इसके माध्यम से भारतीय पाठक मूल फ़ारसी के सौन्दर्य से परिचित हो पाएँगे।

—डॉ. अली दहगाही, ईरान सांस्कृतिक भवन

अनुवाद एवं सम्पादन

बलराम शुक्ल

निःशब्द नूपुर

राजकमल पेपरबैक्स

पहला पुस्तकालय संस्करण महात्मा गांधी अन्तरराष्ट्रीय हिन्दी विश्वविद्यालय, वर्धा तथा ईरान सांस्कृतिक भवन, नई दिल्ली के सहयोग से 2018 में प्रकाशित।

राजकमल पेपरबैक्स में
पहला संस्करण : 2021
दूसरा संस्करण : 2025

राजकमल पेपरबैक्स : उत्कृष्ट साहित्य के जनसुलभ संस्करण

राजकमल प्रकाशन प्रा.लि.
1-बी, नेताजी सुभाष मार्ग, दरियागंज
नई दिल्ली-110 002
द्वारा प्रकाशित

शाखाएँ : अशोक राजपथ, साइंस कॉलेज के सामने, पटना-800 006
पहली मंजिल, दरबारी बिल्डिंग, महात्मा गांधी मार्ग, प्रयागराज-211 001
1, अनमोल सोराबजी सन्तुक लेन, धोबी तलाव, मरीन लाइंस, मुम्बई-400 002
वेबसाइट : www.rajkamalprakashan.com
ई-मेल : info@rajkamalprakashan.com

बीके ऑफसेट
नवीन शाहदरा, दिल्ली-110 032
द्वारा मुद्रित

मूल्य : ₹299

NIHSHABD NOOPUR : Rumi Ki 100 Gazalein
Translated & Edited by Balram Shukla

ISBN : 978-93-90971-62-6

पीरे-तरीक़त श्री वागीश शुक्ल
को
सप्रीति

शुक्रे तू ऐ बहारे चमन! चून् अदा कुनम?
गुल अज़ तू बर्ग याफ़्त, बे बुलबुल नवा रसीद

—वाक़िफ़ लाहौरी

(हे उद्यान के वसन्त, तुम्हारा धन्यवाद कैसे करूँ? फूलों ने तुम्हीं से पंखुड़ियाँ पाई हैं और बुलबुलों ने तुम्हीं से गाना सीखा है!)

क्रम

आत्म निवेदन

निःशब्द नूपुर भारत तथा ईरान के सुदीर्घ आत्मीय सम्बन्धों के पुनः अन्वेषण तथा सांस्कृतिक संवाद को आगे बढ़ाने की दिशा में एक प्रयास है। फ़ारसी भाषा भारतीय जनमानस के निकट सिर्फ़ इसलिए नहीं है कि इस भूभाग पर एक बड़े कालखंड तक शासन करने वालों के द्वारा इसे राजभाषा बनाया गया था, अथवा भारत में एक बड़ी संख्या में रहने वाली मुस्लिम जनसंख्या इसे अपनी संस्कृति से सम्बन्धित भाषा मानती है। भाषावैज्ञानिक तथा नृतत्त्वशास्त्री इस बात की गवाही देते हैं कि ईरानी तथा हिन्दुस्तानी मानव समुदाय एक ही मूल से सम्बद्ध हैं। दोनों संस्कृतियों की भाषाएँ इसका प्रबल प्रमाण उपस्थित करती हैं। दोनों संस्कृतियों के मानस में एक अद्भुत क़िस्म के आकर्षण का अनुभव होता है। संस्कृत के अध्ययन से हम और अधिक जान पाते हैं कि सेमेटिक धर्म से पूरी तरह परिगृहीत होने पर भी, अरबी लिपि में लिखी जाने पर भी, विदेशी शब्दों से 50 प्रतिशत से भी अधिक मिश्रित हो जाने पर भी फ़ारसी भाषा भारतीयों के कितनी अधिक निकट है। फ़ारसीभाषी जनता के विचारों तथा मानस की भारतीयों से असामान्य निकटता इसी भाषिक साम्य के द्वारा प्रेरित है।

संस्कृत का तथा विशेषतः संस्कृत व्याकरण का अध्येता होने के कारण प्रारम्भ से ही मैं फ़ारसी तथा संस्कृत भाषाओं में अनेक स्तरों पर विद्यमान समानताओं का अनुभव कर रहा था और इसी कारण फ़ारसी अध्ययन में मेरी अत्यधिक रुचि उत्पन्न होती गई। संस्कृत में पीएच.डी. का शोधकार्य समाप्त करके मैंने फ़ारसी का विधिवत् अध्ययन प्रारम्भ किया। फ़ारसी साहित्य को इसके मूल सौन्दर्य के साथ समझने में उदार ईरानी उस्तादों का तथा अनेक ईरानी साहित्य-प्रिय सज्जनों तथा ईरान यात्राओं का बड़ा योगदान रहा। भाषा के साथ कविता में विशेष रुचि होने के कारण मैंने फ़ारसी के क्लासिकल कवियों की कविताओं का अध्ययन किया। इसमें हाफ़िज़, सादी तथा मौलाना रूमी प्रमुख रहे। सतही भिन्नताओं के बावजूद भारतीय विचार पद्धति के साथ रूमी की निकटता ने मुझे ख़ासतौर पर आकर्षित किया। जैसे-जैसे मुझे रूमी का रस मिलने लगा मेरी इच्छा बलवती होती गई कि इस मूल्यवान् कविता को प्रामाणिक तथा रस्य प्रकार से अपने हमज़बान हिन्दीभाषियों

तक भी पहुँचाया जाए। यह प्रस्तुति उसी इच्छा का मूर्त रूप है।

मौलाना जलालुद्दीन रूमी (1207-1272 ई.) फ़ारसी जगत् के महत्तम रहस्यवादी सूफ़ी सन्त कवि के रूप में स्वीकृत हैं। वे बल्ख़ नगर में पैदा हुए थे जो इस समय अफ़ग़ानिस्तान में है। उनके पिता बहाउद्दीन वलद उस समय के बहुत बड़े दार्शनिक थे तथा सुलतान-उल-उलमा (विद्वानों के सूर्य) कहे जाते थे। उनकी माता का नाम मलिका ए जहान् था। उस समय दुनिया पूरब से पश्चिम तक मंगोलों के आक्रमण से अस्त-व्यस्त हो रही थी। इन परिस्थितियों के दबाव में तथा बल्ख़ के तत्कालीन सुल्तान अलाउद्दीन मुहम्मद ख़ारिज़्मशाह के साथ अनबन के कारण बहाउद्दीन वलद को अपने परिवार तथा अनुयायियों के साथ तुर्की के क़ूनिया नामक स्थान में बसना पड़ा था। रूमी का ख़ानदान अनेक स्थानों की यात्रा करते हुए अन्ततः अलाउद्दीन कैक़ुबाद के निमंत्रण पर तुर्की के शहर क़ूनिया की ओर रवाना हुआ, जो रूमी का स्थायी निवासस्थान बना। वहाँ 7 साल रहने के बाद उन्होंने गौहर ख़ानुम नामक एक महिला से विवाह किया जिससे अलाउद्दीन तथा बहाउद्दीन सुलतान वलद नामक 2 पुत्र हुए। 1231 ई. में अपने पिता की मृत्यु के बाद उनके बृहत् शिष्य समुदाय के मार्गदर्शन का दायित्व मौलाना पर आ गया। हलब तथा दमिश्क़ के प्रसिद्ध शिक्षण संस्थान में इस्लाम की विधिवत् शिक्षा समाप्त करके वे अपने समय के अद्वितीय धर्मशास्त्री हो गए। उनके पीछे एक हज़ार अनुयायियों का एक भारी समुदाय एकत्र हो गया। राज्य का सम्राट् स्वयं उनके प्रवचनों में आया करता था। उसी बीच सैंतीस वर्ष की आयु में उनकी भेंट शम्सुद्दीन तबरेज़ी नामक एक रहस्यमय व्यक्ति से हुई। उन्होंने मौलाना के व्यक्तित्व को पूरी तरह से उलट-पलट दिया। धर्मशास्त्र के शुष्क प्रवचनों की जगह उनके हृदय में रसपूर्ण ईश्वरीय भक्ति का आविर्भाव हो गया। शरीयत की साधनाओं की अवधि पूरी हो चुकी थी। अब तरीक़त (आध्यात्मिक साधना) का कालखंड शुरू हो गया था। उन्हें प्रेम रूपी सिद्धि मिल चुकी थी। वे प्रवचनों को छोड़कर आह्लादपूर्ण नृत्य और गान में लग गए तथा बुद्धिवाद को बिलकुल बिसरा दिया। रूमी में आए इस आमूलचूल परिवर्तन का कारण उनके कट्टर शिष्यों ने शम्स तबरेज़ को माना। उनके दबाव के कारण शम्स को लुप्त हो जाना पड़ा। अपने परम प्रेमास्पद गुरु के विरह से रूमी का अन्तर तड़प उठा। उनकी जुदाई की व्यथा में मौलाना ने जो ग़ज़लें लिखी हैं वे सच्ची कविता के दुर्लभ उदाहरणों में गिनी जाती हैं। ऐसी चार हज़ार ग़ज़लें *दीवाने शम्स* में शामिल हैं, जिसका दूसरा नाम *दीवाने-कबीर* (=बड़ा काव्य-संग्रह) भी है। शम्स दूसरी बार आते हैं और फिर ग़ायब हो जाते हैं। इस बार रूमी कोई उद्वेग प्रदर्शित नहीं करते। मानो, प्रेम के बादल पूरी तरह से गरजकर बरस चुके थे। अब उर्वर ज़मीन से अध्यात्म और ज्ञान की फ़सल उगने वाली थी। शम्सुद्दीन तबरेज़ी के बाद रूमी को सलाहुद्दीन ज़रकोब तथा हुसामुद्दीन चलबी नामक दो व्यक्तियों ने बहुत

प्रभावित किया। हुसामुद्दीन चलबी को सम्बोधित करके उन्होंने अपनी *मसनवी* लिखी। इन दोनों ने रूमी की कृतियों के सम्पादन में बहुत बड़ी भूमिका निभाई। मौलाना जलालुद्दीन रूमी सूफ़ी विचार पद्धति के अन्तर्गत मौलविया सम्प्रदाय के संस्थापक थे। संगीत के अतिरिक्त आध्यात्मिक नृत्य इस साधना पद्धति की ख़ास विशिष्टता है।

मौलाना की कृतियों में प्रमुख हैं—*दीवाने कबीर* जिसमें मौलाना की ग़ज़लें, रुबाइयाँ तथा तरकीब-बन्द संगृहीत हैं। इसमें 4000 ग़ज़लें तथा 2000 रुबाइयाँ शामिल हैं। इन ग़ज़लों में रूमी में अधिकतर शम्स या शम्सुद्दीन अथवा शम्सुल हक़ काव्यनाम (तख़ल्लुस) का प्रयोग किया है। *मसनवी ए मानवी* इनकी सबसे प्रसिद्ध कृति है। मौलाना ने इसे चित्त के शोधन का साधन तथा ईश्वर का परम प्रदीप्त रहस्य कहा है। *मसनवी* में छह दफ्तर (खंड) तथा 26000 के लगभग पद्य हैं। इस कृति की साहित्यिक ही नहीं अपितु धार्मिक तथा आध्यात्मिक मान्यता इतनी अधिक है कि विशेषज्ञ इसे फ़ारसी भाषा का क़ुरान भी कहते हैं। इनका अन्य ग्रन्थ है *फ़ीहि मा फ़ीहि*। इसमें उनके 70 छोटे-छोटे आध्यात्मिक प्रवचनों के खंड हैं जो शाह मुईनुद्दीन परवाना, शम्स, सैयद बुरहानुद्दीन तथा सलाहुद्दीन ज़रकोब को सम्बोधित हैं। *मक्तूबात* मौलाना द्वारा भिन्न-भिन्न समय पर अपने सम्बन्धियों, मित्रों, विशिष्ट विद्वानों, राजनेताओं को लिखे गए पत्रों का संकलन है। *मजालिसे सब्अ* मसनवी की शक्ल में है, जिसमें उनके 7 उपदेश हैं।

रूमी की कविता के अध्ययन से भारतीय चिन्तन पद्धति के साथ सूफ़ी मत की आन्तरिक एकता स्पष्ट होती है। सूफ़ियों तथा अद्वैत वेदान्त मत अत्यधिक निकट प्रतीत होते हैं। अद्वैत के आधार पर अनेक समस्याएँ तथा सीमाएँ मिटती दीखती हैं तथा सार्वभौम प्रेम की बात सम्भव हो पाती है। वेदान्त कहता है—संसार में एकमात्र तत्त्व है अतः हमें किसी से भय करने का कोई प्रसंग ही नहीं है—*द्वितीयाद्वै भयं भवति-नेह नानास्ति किंचन।* सूफ़ी भी ग़ैरुल्लाह (अल्लाह के अलावा किसी अन्य का) के होने का निषेध करते हैं। जलालुद्दीन रूमी तो एक क़दम और आगे बढ़कर कहते हैं कि संसार में एक ही तत्त्व है—और वह भी तुम हो—*कीस्त कसी बेगू दिगर-कीस्त कसी वरा ए तो* (ज़रा बताओ तो तुम्हारे अतिरिक्त और कौन है)। इसी ग़ज़ल में रूमी कहते हैं—*साये ए तूस्त ऐ पिसर, हर चि बे रुस्त ऐ पिसर* यानी संसार में सब कुछ तुमसे पैदा हुआ है और पैदा हुई चीज़ें छाया की तरह हैं, अतः वास्तविक नहीं हैं। इस तरह के विचार पारम्परिक इस्लाम में अनुपलब्ध ही नहीं दंडनीय भी हैं। भारत में भी ऐसे मत केवल उपनिषद् समर्थित वेदान्त-दर्शन के ही हो सकते हैं। वेदान्त आत्मा को अस्तित्व के केन्द्र में रखता है तथा भिन्न-भिन्न लगने वाली आत्माओं में वस्तुतः कोई भेद नहीं मानता—*मृत्योः स मृत्युं गच्छति य इह नानेव पश्यति* (कठोपनिषद् 2.1.11)। मौलाना कह रहे हैं कि तुम ख़ुद स्वयं

से पैदा हो रहे हो इसलिए ख़ुद ही अपने पिता हो और ख़ुद ही अपने पुत्र— *हम पिदरी व हम पिसर हम तो नेई व हम शिकर*। वेदान्त का भी मानना है कि आत्मा स्वयं अपने से अपने को उत्पन्न करता है— *सृजस्यात्मानमात्मना*। उपनिषदों का तो यह कहना है कि तुम बिना ईश्वर हुए ईश्वर को नहीं जान सकोगे क्योंकि दोनों पृथक् नहीं हैं— *ब्रह्मविद् ब्रह्मैव भवति* (मुण्ड. उ. 3.2.9)। रूमी भी यही कहते हैं— *नज़्ज़ारे ए जमाले ख़ुदा जुज़ ख़ुदा नकर्द* (परमेश्वर के सौन्दर्य का दर्शन परमेश्वर के अतिरिक्त किसी ने नहीं किया।) मौलाना रूमी के नाम से प्रसिद्ध एक ग़ज़ल में अद्वैत की बहुत ही स्पष्ट व्याख्या की गई है जो उपनिषद् के— *वाचारम्भणं विकारो नामधेयम्* (छा.उ. 6.1. 4) मृत्तिकेत्येव सत्यम् को समझाती हुई सी प्रतीत होती है— *ख़ुद कूज़ा ओ ख़ुद कूज़ागरो ख़ुद गिले कूज़ा। ख़ुद रिन्दे सुबूकश॥ ख़ुद बर सरे आन् कूज़ा ख़रीदार बरामद। बिश्कस्तो रवान् शुद॥* (ग़ज़ल संख्या 66) वेदान्त आत्मा को अपनी चर्चा का केन्द्र बनाता है। रूमी के विचार भी ऐसे ही हैं—हृदय में प्रकाशित परमात्म तत्त्व को छोड़कर सूफ़ियों का और कोई ईश्वर नहीं है— *सूफ़ी ख़ुदा नदारद कू नीस्त आफ़रीदे।* (सूफ़ी के पास ख़ुदा नहीं होता, क्योंकि सूफ़ी पैदा नहीं किया गया होता है।) रूमी ने मसनवी में एक विचित्र मत का उल्लेख करते हुए कहा है कि यह दुनिया तुम्हारे ख़यालों से पैदा हुई है। बाहर जितनी भी वस्तुएँ दिखाई पड़ रही हैं सभी तुम्हारे अन्दर पहले से हैं बाहर उनका केवल प्रतिबिम्ब पड़ रहा है। बौद्धों के अनुसार भी समस्त बाह्य विश्व मानसिक विश्व का प्रतिबिम्बन है। सूफ़ियों ने ईश्वर को साधना के रूप में संगीत-नृत्य आदि ललित कलाओं का भी उपयोग किया। ललित कलाएँ हमारे चित्त की रागात्मक वृत्तियों को उभारती हैं। रूमी ने अपने सम्प्रदाय 'मौलविया' में सभा को प्रारम्भ कराया। *श्रीमद्भागवत* (11.14.24) में भगवान् ने अपने भक्तों के लक्षण बताते हुए कहा है कि मेरी भक्ति से भरा हुआ वह निर्लज्ज होकर नाचता और गाता है, कभी हँसता है, कभी रोता है और इस तरह सारे संसार को पवित्र बना देता है। भारतीय विचारपद्धति के साथ रूमी की इन निकटताओं को देखकर कई विद्वान यह मानते हैं कि रूमी बहुत हद तक भारतीय मेधा से परिचित एवं लाभान्वित हुए थे।[1] मौलाना के भारत परिचय के सबसे प्रमुख साधन बने थे उनके गुरु एवं परम प्रेमास्पद—शम्सुद्दीन तबरीजी। दौलतशाह के अनुसार शम्स के पिता नौ मुसलमान थे तथा उनका नाम—खोविन्द जलालुद्दीन था। सम्भावना जताई गई है कि उनका नाम गोविन्द रहा होगा जो एक भारतीय नाम है। रूमी का जन्मस्थान बल्ख़ इस्लाम से पहले बौद्ध विहारों के लिए बहुत ही प्रसिद्ध था। इस्लाम के आगमन के बाद भी निश्चित रूप से ये विचार उस वातावरण में रहे ही होंगे, जिन्होंने रूमी की विचार-सरणि को प्रभावित किया होगा। स्पष्ट है कि रूमी की विश्वग्राही चेतना के निर्माण में इस्लामी परम्परा के पर्याप्त

1. विशेष द्रष्टव्य—Dr. S. H. Qasmi सम्पादित *The Maulavi Flute.*

आधार के साथ-साथ ग़ैर-इस्लामिक स्रोतों, विशेषकर भारतीय विद्याओं का भी महत्त्वपूर्ण योगदान रहा है। यही कारण है कि जब हम रूमी की कविता पढ़ते हैं तो वह हमारे भारतीय मानस को समृद्ध करने वाला अनुभव लगता है।

रूमी की ग़ज़लों का प्रत्येक शे'र अनुभूति की परिपूर्णता से उच्छलित है। रूमी जब तक प्रेम से आपादमस्तक भर नहीं गए थे, तब तक उन्होंने एक भी कविता नहीं लिखी थी। उनकी कविता मात्र काव्यात्मक चमत्कारों को प्रदर्शित कर रसिकों को लुब्ध करने तक पर्यवसित नहीं होती, वह हृदय से निकलकर मस्तिष्क और हृदय को भिगोती हुई आत्मा तक का स्पर्श कर लेती है। सामान्यत: कवियों की पहुँच केवल कविताओं तक ही होती है, वे कविताओं को साध्य मानते हैं। परन्तु रूमी के पास एक ऐसी वस्तु भी है जिसके आगे उन्हें अपनी कविताएँ गौण लगती हैं। जब वे कोई ग़ज़ल शुरू करते हैं तो उस रस सागर से निकले हुए होते हैं, और ग़ज़ल के समाप्त होते-होते वे फिर उसी की याद में विह्वल होने लगते हैं। यही कारण है कि उनकी लगभग अधिकांश ग़ज़लों के अन्त में ख़ामोशी और चुप रहने की नसीहत का भाव ज़रूर दिखाई पड़ता है। उनकी उच्चकोटि की रससिक्त कविता भी उनके महाभाव की निरन्तरता में कुछ क्षणों की बाधक ही बनती है। इस प्रेम की परम स्थिति में नख से शिख तक डूबे रूमी जब इहलोक तक वहाँ की कुछ भी ख़बर ले आते हैं तो वह हमारे लिए आश्चर्यकारी होता है। अनुभूतियों की यह अपरिचित विलक्षणता हमें किसी दूसरे कवि के यहाँ नहीं मिलती। इसलिए इनकी कविताएँ साहित्यिक उपलब्धि के साथ-साथ आध्यात्मिक साधना की सामग्री भी हैं। वे व्यक्तित्व के परतों को खोलती हैं। उनकी समस्याओं को पहचानती हैं। उनका इलाज सुझाती हैं। इनकी ग़ज़लों में कहीं तो संसार के कष्टों से बेदिली का बयान है, तो कहीं उन कष्टों से बचने के लिए प्रेम की परमसाधनता का वर्णन किया गया है। कहीं प्रिय के आने की सूचना से हुए सम्भ्रम का सौन्दर्य दिखाई पड़ता है तो कहीं उसको प्राप्त करके दुख के अत्यन्ताभाव से उत्पन्न आह्लाद वर्णित है। कहीं पर अब तक न मिलने के कारण प्रिय को दिए गए उलाहने हैं तो कहीं उसको फिर कहीं भी जाने से रोकने का मनुहार है। कहीं पर प्रियतम के फिर से लुप्त हो जाने के कारण उत्पन्न दिल को खरोंच डालने वाली व्यथा वर्णित है तो कहीं उसको फिर बुला लाने की गुहार है। अन्तत: इस सम्पूर्ण साधनावस्था के घटनाक्रम से पार सिद्धावस्था का भी वर्णन है—जहाँ प्रिय को अपना स्वरूप समझ लेने के कारण उससे जुदा होने का कोई डर नहीं, उससे बिछड़ने की कोई आशंका नहीं। इसके अतिरिक्त इस्लामी दर्शन तथा उपदेशात्मक वचन भी स्वाभाविक रूप से इनकी ग़ज़लों के विषय बन गए हैं। इनकी ग़ज़लों में विषयगत निरन्तरता बनी रहती है इसलिए थोड़ा भी रसभंग नहीं होता है। रूमी की ग़ज़लें प्रेम का व्याकरण हैं। इस व्याकरण में कथ्य इतना सुनिश्चित होता है कि कथन-प्रकार कैसा भी हो सन्देश कभी भी निशाने से नहीं

चूकते। रूमी अपने महबूब को क़ातिल भी कह सकते हैं और जीवन देने वाला भी। अमरता उसी की छाया है और मृत्यु भी उसी से है। उसे काफ़िर भी कहा जा सकता है और मोमिन भी। उस पर सभी विरुद्ध विशेषण जायज़ हैं। एक बार जब रसिक पाठक इन विचित्रताओं को समझने लगता है तो उनमें रस लेने लगता है।

यह संग्रह हिन्दी भाषी पाठकों को रूमी से सीधे-सीधे साक्षात्कार करने के लिए किया गया है इसलिए इस संकलन में ऐसी ग़ज़लों को चुना गया है जिनमें सुन्दर तथा उच्च काव्यार्थ की व्यंजना है। संकलन का एक आधार भारतीय पाठक की काव्य-रुचि भी है। ऐसी ग़ज़लों की प्रस्तुति से बचा गया है जिनमें प्रयुक्त काव्यरूढ़ियाँ भारतीय मानस से नितान्त अपरिचित हैं। प्रस्तुत संकलन के 3 विभाग हैं—

1. बाब् ए तलब (साधन खंड) : इस खंड में ईश्वरीय प्रेम की प्राप्ति के साधन के रूप में जान पड़ने वाली ग़ज़लें शामिल हैं। इसमें मौलाना के द्वारा अप्रत्यक्षतः दिए गए उपदेश तथा वे कृत्य हैं जो ईश्वर प्रेम की प्राप्ति हेतु आवश्यक हैं। इस खंड के अन्तर्गत 54 ग़ज़लों को रखा गया है।

2. बाब् ए तरब (विभूति खंड) : इस खंड में ईश्वरीय प्रेम की प्राप्ति के बाद दिव्य आनन्द तथा निरन्तर उत्सव की अनुभूतियों के वर्णन से सम्बन्धित ग़ज़लें शामिल की गई हैं। इस खंड के अन्तर्गत 39 ग़ज़लों को शामिल किया गया है।

3. बाब् ए विसाल (भरत वाक्य) : इस खंड के अन्तर्गत प्रेमियों के लिए शुभाशंसा, आशीर्वाद तथा रूमी की आख़िरी कही जाने वाली ग़ज़लें शामिल की गई हैं। इसके अन्तर्गत 7 ग़ज़लें शामिल की गई हैं।

भारतीयों के लिए फ़ारसी भाषा किसी भी अन्य भारतीय आर्य भाषा की भाँति ही सरल तथा सुग्राह्य है। अतः अनुवाद के साथ ही साथ ऐसी व्यवस्था की गई है कि पाठक मूल का आस्वाद भी कर पाएँ। इसके लिए सारी ग़ज़लों का देवनागरी में लिप्यन्तरण प्रस्तुत किया गया है। भारतीयों के लिए फ़ारसी के अबोध्य होने का बड़ा कारण भाषा की कठिनता नहीं, अपितु लिपि का अपरिचय है। यह अनुवाद मूल फ़ारसी से सीधे हिन्दी में किया गया पहला अनुवाद है। अनुवादों के शीर्षकों द्वारा सुधी पाठकों को सहस्राब्दियों में फैले भारतीय वाङ्मय के साथ रूमी के भावनात्मक साहचर्य का भी आनन्द मिल सकेगा। अनुवाद की प्रामाणिकता को सुनिश्चित करने के लिए फ़ारसी के अनेक स्रोतों का प्रयोग किया गया है जिनमें रूमी की ग़ज़लों पर उपलब्ध फ़ारसी व्याख्याएँ, ईरानी विद्वानों के प्रवचन, विभिन्न फ़ारसी एवं अरबी कोशों का यथेष्ट उपयोग तथा ईरानी गुरुओं और विद्वानों से सीधा सम्पर्क प्रमुख है। उपर्युक्त संसाधनों का उपयोग करके अनुवाद को विश्वसनीय बनाने का प्रयास किया गया है।

फ़ारसी ग़ज़लों का फ़ारसी मूल से हिन्दी लिप्यन्तरण के लिए सामान्यतः दो शैलियों का उपयोग देखा जाता है। पहली शैली वह जिसके तहत मध्यकाल में भारत

में (जिसे अब भी अफ़ग़ानिस्तान तथा ताजिकिस्तान में बोला जाता है) जिस तरह फ़ारसी भाषा का उच्चारण होता था उसी तरह उसे देवनागरी लिपि में लिखा जाता है। दूसरी शैली, जिसका आश्रय इस पुस्तक में लिया गया है, वह आधुनिक ईरान में प्रचलित फ़ारसी बोलने का अनुकरण है। इस शैली में प्रमाण स्वयं ईरानियों का अपना उच्चारण है। इस पद्धति के आश्रय की सबसे बड़ी विशेषता अथवा लाभ यह है कि अध्येता फ़ारसी के जीवन्त रूप से परिचित होता है तथा ईरानी स्रोतों से, जो आज निश्चित रूप से फ़ारसी साहित्य का सबसे बड़ा स्रोत है। साथ ही अन्यान्य फ़ारसी ग्रन्थों के अध्ययन के लिए वह अपने द्वार को और अधिक खुला पाता है।

इस कार्य को पूरा करने की इच्छा सम्भवतः मेरे मन तब से थी जब से मैंने फ़ारसी पढ़ना प्रारम्भ किया। हमारी पिछली पीढ़ी तक सहज रूप में प्रचलित तथा प्रसारित फ़ारसी कवियों की ये बहुमूल्य कविताएँ हमारे समाज से अचानक बहिष्कृत हो गईं। फ़ारसी साहित्य का अध्ययन अपने आप को समृद्ध करने जैसा है। भारत-आर्य परिवार के एक अल्पश्रमसाध्य उच्चकोटि साहित्य से हम लोग वंचित रहें यह मुझे नागवार लगता रहा है। प्रस्तुत अनुवाद इसी मनोवृत्ति का उपक्रम है कि हम अपने लोगों को यह उपहार दे पाएँ तथा कुछ ऐसी व्यवस्था की जाए कि वे मूल फ़ारसी तक पहुँच पाएँ जो उनके स्वाभाविक अधिकार की तरह है। इस इच्छा को मूर्त रूप देने का संयोग बनी ईरान सांस्कृतिक भवन की अनुवाद परियोजना तथा भवन के तत्कालीन निदेशक डॉ. अली दहगाही। इसे सहयोग दिया महात्मा गांधी अन्तरराष्ट्रीय हिन्दी विश्वविद्यालय के तत्कालीन कुलपति प्रो. गिरीश्वर मिश्र ने। फ़ारसी तथा संस्कृत साहित्य तथा शास्त्रों के मर्मज्ञ विद्वान् प्रो. वागीश शुक्ल जी से मैंने अनेक अवसरों पर फ़ारसी कविता के सम्बन्ध में अनेक अन्तर्दृष्टियाँ प्राप्त की हैं। यह पुस्तक उन्हें ही समर्पित है। इस अनुवाद के योग्य बनाने में मुझे फ़ारसी भाषा के बहुत सारे भारतीय तथा ईरानी गुरुओं, मित्रों और पुस्तक आदि संसाधनों ने प्रत्यक्ष-अप्रत्यक्ष सहायता की है। मैं उन सबके प्रति विनयावत हूँ। उनमें से विशेष हैं डॉ. हमीद रज़ा ग़िलीचख़ानी तथा फ़ारसी कविता के मेरे उस्ताद डॉ. अली रज़ा क़ज़्वे।

प्रस्तुत पुस्तक का प्रथम सजिल्द संस्करण छन्द तथा व्याकरण आदि के अनेक परिशिष्टों तथा विद्वानों के उपयोगी प्राक्कथनों के साथ 2018 में प्रकाशित हुआ था। प्रकाशक के अनुसार वह बदस्तूर प्रकाशित होता रहेगा। जो अध्येता फ़ारसी भाषा और कविता को विशेष रूप से जानना चाहते हों वे प्रथम संस्करण से लाभ उठाते रहेंगे। पुस्तक का प्रस्तुत अजिल्द रूप लोकप्रिय संस्करण के रूप में सामने लाया जा रहा है।

प्रथम संस्करण की टाइपिंग तथा प्रूफ़ वाचन इत्यादि में मेरे सहयोगियों डॉ. अज़ीज़ महदी, हरिप्रताप त्रिपाठी, गीतिका, डॉ. ऋतु, डॉ. सर्वेश कुमार त्रिपाठी,

डॉ. लीना तथा छात्रों सुहासिनी पाण्डेय, चन्द्रगुप्त भारतीय, मोहित कुमार मिश्र ने पर्याप्त सहायता की थी। दूसरे संस्करण के निकलते समय पहले संस्करण में शेष रह गई अशुद्धियों को इंगित करने में भी डॉ. लीना, वैष्णवी, सुहासिनी तथा मोहित ने पर्याप्त सहायता की। सभी को हृदय से धन्यवाद। अन्ततः पूज्य माता-पिता सहित परिवार के सभी सदस्यों, विशेषकर सुनिधि तथा आर्या का आभार व्यक्त करता हूँ, जो मुझे परिवार की चिन्ताओं से प्रायः मुक्त रखते हैं। यह संस्करण शिमला स्थित भारतीय उच्च अध्ययन संस्थान में अध्येता वृत्ति के दौरान पूरा किया गया। इस हेतु अकादमिक सुविधाओं के लिए मैं संस्थान के प्रति आभारी हूँ।

—बलराम शुक्ल
सह आचार्य,
संस्कृत विभाग-दिल्ली विश्वविद्यालय

باب طلب

॥ बाब् ए तलब ॥

(साधन खंड)

1. तलब या तरब

1. अगर तू यार न दारी चेरा तलब न कुनी
व,गर बे यार रसीदी चेरा तरब न कुनी

2. बे काहिली बेनशीनी कि ईन् अजब कारी-स्त
अजब तू-ई कि हवा ए चुनान् अजब न कुनी

3. शब् ए वुजूदे तु-रा, दर कमीन्, चुनान् माही-स्त
चेरा दुआ व मुनाजात् ए नीम शब न कुनी

4. अगर चे मस्त् ए क़दीमी व नौ शराब ने-ई
शराबे हक़ न गुज़ारद कि तू शग़ब न कुनी

5. अगर्चे मौज सुख़न मी ज़नद वलीक् आन् बेह
कि शर्ह् ए आन बे दिल् ओ जान कुनी, बे लब न कुनी

1. साधन या विभूति!

1. अगर अभी तक तुमने प्रिय को नहीं पाया है, तो उसकी इच्छा क्यों नहीं करते ?
   और, अगर तुमको प्रिय मिल चुका है तो आनन्दोत्सव क्यों नहीं मनाते ?

2. तुम आलस्य में धँसे हुए कहते हो कि ये दोनों काम मेरे लिए अजीब हैं
   जबकि, अजीब तो तुम हो कि इन अद्‌भुत उपलब्धियों की इच्छा नहीं करते।

3. एक अद्‌भुत चाँद (मा,शूक़) तुम्हारे अस्तित्व रूपी रात की प्रतीक्षा में है
   फिर तुम आधी रात वाली प्रार्थनाएँ और पुकार शुरू क्यों नहीं कर देते ?

4. माना कि तुम पुराने मस्तों में से हो और नया नया शराब पीना नहीं शुरू किया है
   लेकिन हमारी शराब पीने के बाद यह हो नहीं सकेगा कि तुम आर्तनाद न करो।

5. मुझे पता है कि तुम बोलने के लिए बेताब हो रहे हो, लेकिन बेहतर यही होगा—
   कि प्रेम की व्याख्या तुम अपने हृदय और प्राणों से करो होंठों से नहीं।

2. अज़ कुजा आमदे-अम

1. रूज़-हा फ़िक्रे मन् ईन,स्त् ओ हमे शब सुख़न-म
कि चेरा ग़ाफ़िले अहवाले दिले ख़ीश्तन-म

2. अज़ कुजा आमदे अम, आमदन-म या चे बूदे?
बेकुजा मी रवम्? आख़िर न नुमाई वतन-म

3. मान्दे अम सख़्त अजब, क,ज़ चे सबब साख़्त म-रा
बा चे बूदे,स्त मुरादे वै अज़ीन् साख़्तन-म

4. मुर्ग़े बाग़े मलकूत-म नि-अम अज़ आलम् ए ख़ाक
चन्द रूज़ी क़फ़सी साख़्ते अन्द् अज़ बदन-म

5. की,स्त आन् गूश कि ऊ मी शिनवद आवाज़-म
या कुदाम,स्त सुख़न मी कुनद अन्दर दहन-म

6. की,स्त दर दीदे कि अज़ दीदे बिरून् मी निगरद
या चे जान,स्त न गूई कि मन-श पैरहन-म

7. ता बे तहक़ीक़ मरा मंज़िल् ओ रह न नुमाई
यक दम् आराम नगीरम, नफ़सी दम न ज़नम

8. मये वस्ल-म बेचशान ता दरे ज़िन्दाने अबद
बे यकी अरबदे मस्ताने बे हम दर शिकनम

9. मन बे ख़ुद ना,मदम् ईन्जा कि बे ख़ुद बाज़ रवम
ऑन् कि आवुर्द मरा बाज़ बरद ता वतन-म

2. किं कारणं ब्रह्म कुतः स्म याताः[2]

1. सारे दिन मुझे यही चिन्ता सताती रहती है और सारी रात मैं यही सोचता रहता हूँ—
कि अपने दिल के हालात से अनजान भला क्यों हूँ मैं?

2. मैं कहाँ से आया हूँ? मेरे आने का सबब क्या है?
मैं कहाँ जा रहा हूँ? मेरी मंज़िल आख़िर क्यों नहीं दीखती मुझे?

3. मुझे बड़ा अचरज है इस बात का कि स्रष्टा ने मुझे क्यों बनाया?
और मेरे इस निर्माण के पीछे उसका मक़्सद क्या था?

4. ईश्वर के बाग़ का पंछी हूँ मैं, इस धूल-मिट्टी की दुनिया से मेरा क्या वास्ता?
सिफ़ कुछेक दिन के लिए मेरी इस देह को बनाया गया है मेरा पिंजरा।

5. कौन है वह कान जो मेरी आवाज़ सुन रहा है?
या, वह कौन है जो मेरे मुँह से अपनी बात कर रहा है? पता नहीं।

6. कौन है मेरी आँखों में जो मेरी आँखों से बाहर की ओर देख रहा है?
या, वह आत्मा कौन है जिसके लिए मैं कपड़े के सरीखा हूँ?

7. इस खोज में जब तक तुमने रास्ता और मंज़िल नहीं दिखाई—
तब तक मैं क्षण भर के लिए आराम क्या साँस भी नहीं लूँगा।

8. मिलन की मदिरा तो चखा दो ताकि इस अछोर क़ैदखाने के—
दरवाज़े को एक मस्तानी ठोकर से तोड़ डालूँ मैं!

9. मैं यहाँ अपने आप थोड़े ही आया जो ख़ुद ब ख़ुद लौट जाऊँ।
जो मुझे यहाँ लेकर आया वही मुझे मेरे वतन तक पहुँचाएगा।

---

2. श्वेताश्वतर 1.1

3. हज्ज् ए अकबर

1. ऐ क़ौम बे हज रफ़्ते! कुजा ईद कुजा ईद?
   मा,शूक़ हमीन् जा,स्त बियाईद बियाईद!!

2. मा,शूक़े तू हमसाये ए दीवार बे दीवार
   दर बादिये सरगश्ते शुमा दर चे हवा-ईद?

3. गर सूरते बी-सूरते मा,शूक़ बे बीनीद
   हम ख़ाजे ओ हम ख़ाने ओ हम का,बे शुमा ईद

4. दह बार अज़् आन राह बेदान ख़ाने बे रफ़्ती
   यक बार अज़् ईन ख़ाने बर ईन बाम बर् आईद

5. आन् ख़ाने लतीफ़-स्त निशानहा-श बेगुफ़्तीद
   अज़ ख़ाजे ए आन् ख़ाने निशानी बेनुमायीद

6. यक दस्ते ए गुल कू? अगर आन् बाग़ बेदीदी-त
   यक गौहरे जान् कू? अगर् अज़ बहरे ख़ुदा-ईद

7. बा ईन् हमे आन् रंजे शुमा गंजे शुमा बाद
   अफ़सूस! कि बर गंजे शुमा पर्दे शुमा-ईद

3. अधमा तीर्थयात्रा च[3]

1. हज को चल दिये ऐ मेरे क़ौम के यारो! कहाँ? कहाँ भटक रहे हो आख़िर तुम सब? जिससे तुम्हें प्रेम है—तुम्हारा माशूक़! वह तो यहीं है, जल्दी से लौट आओ! लौट आओ!!

2. जिसे तुम खोजने चले हो वह तुम्हारा माशूक़ तो हर दरो दीवार का पड़ोसी है। फिर तुम लोग और किसकी चाह में भटक रहे हो उस रेगिस्तान में?

3. काश! तुम उस अरूप प्रियतम के रूप को निरख पाते, तो—
जान जाते कि घर के मालिक, घर और का,बा सब तुम्हीं तो हो! तुम्हीं तो हो!!

4. दसियों बार तुम उस रेगिस्तानी राह से उस घर (=का,बे) तक पहुँचे होगे। अब, सिर्फ़ एक बार इस (शरीर के) घर से निकलकर इस (हृदय की) अटारी पर चढ़ आओ।

5. मैंने माना, वह घर (=काबा) बेशक बहुत सुन्दर है। तुमने ख़ुद उसकी निशानियाँ भी बयाँ कीं—
लेकिन कभी ऐसा भी तो हो, कि उस घर के स्वामी (ख़ुदा) की भी निशानियाँ बयान करो!

6. अगर तुमने पूरा बाग़ देख लिया है तो एक छोटे गुलदस्ते की (तुम्हारे लिए) क्या औक़ात?!
अगर तुम सीधा ईश्वरीय सागर से ही हो तो प्राण के तुच्छ मोती का तुम्हारे लिए क्या मूल्य?

7. इन सभी विडम्बनाओं के बावजूद भी तुम्हारी यह सारी व्यथा तुम्हारे लिए ख़ज़ाना बन सकती है।
लेकिन सबसे अफ़सोस की बात यह है कि इस अकूत ख़ज़ाने पर जो पर्दा पड़ा हुआ है, वह ख़ुद तुम ही हो।

---

3. तीर्थयात्रा धर्म का सबसे प्रारम्भिक साधन है।

4. बी मा

1. मा रा सफ़री फ़ताद बी मा
आन जा दिले मा गुशाद बी मा

2. आन मह कि ज़े मा निहान हमी शुद
रुख़ बर रुख़े मा निहाद बी मा

3. चून् दर ग़मे दूस्त जान बेदादीम
मा रा ग़मे ऊ बेज़ाद बी मा

4. मा ईम हमीशे मस्त बी मै
मा ईम हमीशे शाद बी मा

5. मा रा म-कुनीद याद हरगिज़
मा ख़ुद हस्तीम यादे बी मा

6. बी मा शुदे ईम शाद, गूयीम :
ऐ मा कि हमीशे बाद बी मा

4. पाणी पीवा चंचु बिनु[4]

1. हम एक ऐसे सफ़र पर चले जिसमें हम ख़ुद ही शामिल नहीं थे।
   उस सफ़र पर हमारे दिल हमारे बिना ही खिल उठे थे।

2. वह चाँद, जो हमेशा हमसे छिपा रहता था—
   उसने जब हमारे होंठों पर अपने होंठ रखे, तो हम ही वहाँ नहीं बचे!

3. जब हमने प्रिय की तड़प में अपने प्राण न्यौछावर कर दिए तो—
   उसके ग़म ने हमारे बग़ैर फिर से हमें पैदा किया।

4. हम हमेशा शराब के बिना मस्त हैं।
   हम हमेशा हमारे बग़ैर प्रसन्न हैं।

5. ऐ लोगो! हमें हरगिज़ याद न करो!
   हम ख़ुद ऐसी याद हैं जिसमें हम नहीं हैं।

6. हम अपने बिना आह्लादित हो गए हैं, और दुआ कर रहे हैं-
   ऐ काश! हम हमेशा हमारे बिना रह पाएँ।

---

4. कबीरदास

5. ख़ुदबूस

1. जानो सरे तू ऐ पिसर! नीस्त कसी बे पा ए तू
आइने बीन्, बे ख़ुद निगर, कीस्त दिगर वरा ए तू

2. बूसे बेदेह बे रू ए ख़ु,द राज़ बेगू बे गूश् ए ख़ुद
हम तू बेबीन जमाले ख़ुद, हम तू बेगू सना ए तू

3. नीस्त मजाज़े राज़े तू, नीस्त गज़ाफ़े नाज़े तू
राज़ बराये गूशे तू, नाज़े तू हम बरा ए तू

4. खीज़ ज़े पीश–म् ऐ ख़िरद, ता बेरहम ज़े नीको बद
खीज़ दिला! तू नीज़ हम ता कुनम–त सज़ा ए तू

5. हम पिदरी व हम पिसर, हम तू ने–ई व हम शिकर
की,स्त कसी बेगू दिगर, की,स्त कसी बे जा ए तू

6. बस्ते ए लब तू बर गुशा, चीस्त अक़ीक़् ए बीबहा
कान् ए अक़ीक़ हम तूई मन चि दहम बहा ए तू

7. साये ए तू,स्त ऐ पिसर! हर चे बेरुस्त ऐ पिसर!
साये फ़िकन्द ऐ पिसर! दर दो जहान हुमाये तू

5. नेह नानास्ति[5]

1. ऐ मेरे बेटे! मैं तुम्हारी जान और सर की क़सम खा कर कहता हूँ--यहाँ तुम्हारे पाये का कोई भी नहीं है।
   आइने में निहार कर ख़ुद ही देख लो, तुमसे बढ़कर भी कोई है क्या?

2. अपने मुख को ख़ुद ही चूम लो, अपने रहस्य स्वयं अपने ही कानों में कह डालो—
   अपने सौन्दर्य को ख़ुद ही निहार लो, अपनी स्तुतियाँ ख़ुद ही गा लो।

3. तुम्हारे रहस्य को धारण करने वाला यहाँ कोई नहीं है, तुम्हारे नाज़ उठाने में कोई और समर्थ नहीं है।
   तुम्हारे रहस्य को सुन सकने लायक़ बस तुम्हारे ही कान हैं, तुम्हारे नाज़ को भी बस तुम ही उठा सकते हो।

4. ऐ तर्कबुद्धि! मेरे आगे से हट जा, ताकि मैं अच्छे बुरे दोनों से मुक्ति पा जाऊँ
   मेरे दिल! तू भी तैयार हो जा ताकि मैं तुझे उन सारी चीज़ों को दे सकूँ जिसका तू हक़दार है।

5. तू ही पिता है, और उससे पैदा होने वाला पुत्र भी तू ही है। ईख भी तू ही है और उससे बनने वाला शक्कर भी तू ही है।
   कौन है? ज़रा बताओ तो, और कौन है सारे अस्तित्व में तुम्हारे सिवा?

6. अपने होठों की गाँठ को थोड़ा सा तो खोलो, और बोलो कि तुम्हारे आगे अनमोल अक़ीक़ की क्या बिसात है?
   तुम तो ख़ुद अक़ीक़ की खान हो, मैं तुम्हारा क्या मूल्य दे सकता हूँ?

7. संसार में जो कुछ भी पैदा हुआ है, वह तुम्हारी छाया मात्र है।
   तीनों लोकों पर मंगलमय हुमा[6] पक्षी की तरह तुमने अपनी छाया फैला रखी है।

---

5. बृहदारण्यकोपनिषद् 4.4.19 (यहाँ पर भिन्नता नहीं एकता है)
6. ईरानी पुराकथा में सम्मत एक ऐसी पक्षी जिसकी छाया के नीचे आने पर व्यक्ति सम्राट् बन जाता है।

6. हीच म–गू

1. मन ग़ुलामे क़मर–म ग़ैर् ए क़मर हीच म–गू ?
   पीश् ए मन जुज़् सुख़न् ए शम् ओ शकर हीच म–गू

2. सुख़न् ए रंज मगू, जुज़ सुख़न् ए गंज म–गू
   व,र अज़् ईन् बी–ख़बरी रंज मबर हीच म–गू

3. दूश दीवाने शुदम इश्क़ म–रा दीदो बेगुफ़्त—
   ''आमदम, ना,रे म–ज़न, जामे म–दर, हीच म–गू''

4. गुफ़्तम ऐ इश्क़! मन् अज़ चीज़े दिगर मी तर्सम
   गुफ़्त—''आन चीज़े दिगर नीस्त दिगर, हीच म–गू''

5. मन बे गूशे तो सुख़न–हा ए निहान् ख़ाहम गुफ़्त
   सर बे जुम्बान् कि बली! जुज़ के बे सर हीच म–गू

6. क़मरी जान्–सिफ़ती दर रह् ए दिल पैदा शुद
   दर रह् ए दिल चे लतीफ़् अस्त सफ़र, हीच म–गू

7. गुफ़्तम्, ऐ दिल, चे मह् अस्त् ईन्, दिल् इशारत मी कर्द
   ''कि न अन्दाज़े ए तू,स्त् ईन्, बेगुज़र, हीच म–गू''

6. नए बोलों फार[7]

1. मैं उस चाँद (प्रिय) का ग़ुलाम हूँ। उस चाँद के सिवा मेरे सामने और कोई बात न छेड़ो।
   मेरे आगे दिए और शक्कर की बातों के अलावा कोई और बात न चलाओ।

2. मुझसे रंज की बातें न करो, उस ख़ज़ाने (गंज) के अलावा मुझे और कोई बात न सुनाओ—
   और अगर तुम्हें ऐसी बातें करनी नहीं आती, तो बात करने की ज़हमत ही मत उठाओ। कुछ न कहो।

3. कल रात मैं दीवाना हो उठा था, इश्क़ ने मुझे देखा और कहा—
   लो, मैं आ गया, चीत्कार मत करो—कपड़े मत फाड़ो, शोर बन्द करो।

4. मैंने कहा—ऐ इश्क़! मुझे बेगानी चीज़ से डर लगता है।
   इश्क़ ने कहा—वह बेगानी चीज़ अब बेगानी नहीं रही, कुछ भी कहने की ज़रूरत नहीं है।

5. मैं तुम्हारे कान में राज़ की बातें कहूँगा—
   तुम भी केवल हाँ में सिर हिलाते जाना, उसके अलावा और कुछ भी न कहना।

6. दिल के रास्ते में वह प्राणों जैसा प्यारा प्रियतम मुझे मिल गया।
   दिल के रास्ते में ये सफ़र कितना हसीन है—कुछ मत पूछो।

7. मैंने दिल से पूछा—ये चाँद कौन है? दिल ने संकेत किया—
   कि यह तुम्हारी सीमाओं में आने वाला नहीं है[8]—यहाँ कुछ कहने सुनने से लाभ नहीं है।

---

7. सन्त तुकाराम (अधिक मत बोलो)
8. 'यह तुम्हारे लिए उपयुक्त नहीं है,' यह अर्थ भी हो सकता है।

8. गुफ़्तम्—"ईन् रूइ फ़रिश्ते,स्त अजब या बशर् अस्त"
गुफ़्त—"ईन् ग़ैरे फ़रिश्ते,स्त् ओ बशर, हीच म-गू"

9. गुफ़्तम्—"ईन् चीस्त? बेगू ज़ीरो ज़बर ख़ाहम शुद"
गुफ़्त—"मी बाश चुनीन् ज़ीरो ज़बर, हीच म-गू"

10. ऐ नशिस्ते! तू दर् ईन् ख़ाने ए पुर नक़्शो निगार
ख़ीज़ अज़् ईन् ख़ाने, बोरो, रख़्त बेबर, हीच म-गू

8. मैंने पूछा—ये अद्‌भुत मुखड़े वाला फ़रिश्ता है या आदमी?
उसने कहा—यह फ़रिश्ते और आदमी दोनों से अलग है, कोई क़यास न लगाओ।

9. मैंने कहा—ज़रा बताओ तो ये कौन हैं? मैं इसके लिए उलट-पलट जाना चाहता हूँ!
उसने कहा—हो जाओ ऐसे ही उलट-पलट बिना कुछ कहे।

10. ऐ तुम! जो कि इस रंग बिरंगे घर में धँसे हुए हो,
इस घर से उठो, चलो अपना सामान बाँध चलो, बिना कुछ कहे।

7. क़द्र् ए हमदीगर

1. बिया ता क़द्र् ए हमदीगर बेदानीम
   कि ता नागह ज़ यकदीगर न मानीम

2. चू मोमिन आइने य् मोमिन यक़ीन् शुद
   चेरा अज़ आइने मा रूगरानीम?

3. करीमान जान फ़दा ए दूस्त कर्दन्द
   सगी बुग्ज़ार, मा हम मर्दुमानीम

4. ग़रज़–हा तीरे दारद दूस्ती रा
   ग़रज़–हा रा चेरा अज़ दिल नरानीम?

5. गही ख़ुशदिल शवी अज़ मन कि मीरम
   चे रा मुर्दे–परस्तो ख़स्मे जानीम?

6. चू बा'द् अज़ मर्ग ख़ाही आशती कर्द
   हमे उम्र् अज़ ग़म–त दर इम्तिहानीम

7. कुनून् पिन्दार मर्दुम आशती कुन
   कि दर तस्लीम मा चून् मुर्दगानीम

8. चू बर गूरम बेख़ाही बूसे दादन
   रुख़–म रा बूसे देह क,क्नून हमानीम

9. ख़मुश कुन मुर्देवार ऐ दिल! अज़ीरा
   ज़ हस्ती मुत्तहम मा ज़् ईन् ज़बानीम्

7. एक दूसरे का मोल—

1. आओ, हम एक दूसरे का मोल पहचानें।
   ताकि हम एक दूसरे से अनजान न रह जायँ।

2. एक ईमान वाला दूसरे के लिए आइने की तरह होता है
   तो हम आइने से मुँह छिपाकर क्यों रह रहे हैं?

3. उदार प्रेमियों ने प्रेमास्पदों के लिए अपनी जान तक निछावर कर डाली हैं।
   कुत्तों की तरह लोभ का व्यवहार छोड़ो, मनुष्य बनो।

4. स्वार्थ-भावना मित्रता को गन्दला कर देती है,
   क्यों न हम स्वार्थ को अपने दिलों से बाहर निकाल फेकें?

5. "मैं मर जाऊँगा", इस ख़याल से कई बार तुम ख़ुश हो जाते हो!
   हम इतने मुर्दापरस्त और ज़िन्दगी के दुश्मन से क्यों हो चले हैं?

6. तुम मुझसे मरने के बाद दोस्ती क्यों करना चाहते हो?
   जबकि मैंने सारी उम्र तुम्हारे प्रेम की परीक्षाओं में ही गुज़ार दी है

7. अगर तुमने मन बना लिया है कि तुम मुझे मरने पर ही प्रेम करोगे—
   तो अभी भी मुझे तुम अपने प्रति समर्पण में मरा हुआ ही समझो।

8. अगर तुम मेरी क़ब्र को ही चूमना चाहते हो
   तो आओ, मेरे चेहरे को चूम लो, क्योंकि इस समय मेरा सारा अस्तित्व ही विरह में क़ब्र सा बन चुका है!

9. ऐ दिल! तू तो ऐसे चुप हो जा जैसे कोई मुर्दा!
   आख़िर इस ज़बान की ख़ातिर ही हमें सारे वुजूद की तोहमत झेलनी पड़ती है।

8. आरज़ू स्त

1. बिन्माइ रुख़ कि बाग़ो गुलिस्तान-म् आरज़ूस्त
बुग्शाय लब कि क़न्दे फ़रावान-म् आरज़ूस्त

2. ऐ आफ़ताबे हुस्न, बुरून् आ दमी ज़े अब्र
का,न् चेह्रे ये मुशअशए ताबान-म् आरज़ूस्त

3. गुफ़्ती ज़े नाज़ बीश मरञ्जान् मरा, बोरो
आन् गुफ़्तन-त कि बीश मरञ्जान-म् आरज़ूस्त

4. व्,आन् दफ़अ गुफ़्तन-त कि बोरो, शह बे ख़ाने नीस्त
व्,आन् नाज़ बाज़ो तुन्दि ए दरबान-म् आरज़ूस्त

5. ज,ल्लह कि शह्र बी तू मरा हब्स मी शवद
आवारगी ओ कूह् ओ बयाबान-म् आरज़ूस्त

6. ज़,ईन् हमरहान् ए सुस्त अनासिर दिल-म् गिरिफ़्त
शीर् ए ख़ुदा व रुस्तम् ए दस्तान-म् आरज़ूस्त

7. जान-म मलूल गश्त ज़े फ़िरऔन् ओ ज़ुल्म् ए ऊ
आन नूर ए रू ए मूसी ए इमरान-म् आरज़ूस्त

8. ज़्,ईन् ख़ल्क़े पुरशिकायते गिरियान् शुदम मलूल
आन् हायो हूयो ना,रे ए मस्तान-म् आरज़ूस्त

8. दिल चाहता है

1. मुझे बाग़ और गुलिस्तान देखने की चाहत है—मुझे अपना मुखड़ा दिखाओ।
मुझे चखने को ढेर सारी मिस्री चाहिए—अपने लबों को खोल दो।

2. ऐ सुन्दरता के सूरज, एक पल के लिये बादलों से बाहर आ जाओ।
मुझे (तुम्हारे) उस चमकदार पुरनूर चेहरे को देखना है।

3. तुमने कहा था—"मुझे ज़्यादा परेशान मत करो, यहाँ से जाओ"!
(मैंने कहा—) तुम्हारा यह कहना कि—"मुझे अधिक परेशान मत करो"
—मुझे यही चाहिए।

4. (मुझे) भगाने के लिए दी गई वह झिड़की कि—"जाओ मालिक घर पर नहीं हैं"....
तुम्हारे दरबान का वह नाज़ और उसकी वह सख़्ती मुझे फिर सहने का मन है

5. ख़ुदा की क़सम, तुम्हारे बिना यह शहर मुझे जेलख़ाना लग रहा है।
पहाड़ों और बयाबान की आवारगी करने का मन है मुझे।

6. इन ढीले-ढाले लोगों की संगति से मेरी जान आजिज़ हो गई है।
मुझे ख़ुदा के शेर-अली और महायोद्धा रुस्तम जैसे लोगों की इच्छा है।

7. फ़िरऔन[9] और उसके अत्याचार से मेरा दिल ग़मगीन हो गया है।
इमरान के पुत्र मूसा का नूरानी चेहरा देखने की इच्छा है मुझे।

8. इन शिकायत करने और रोने वालों से मेरा मन उकता गया है।
मस्तों की तरह चहकने वाले लोगों के आहो पुकार की ख़ाहिश है मुझे।

---

9. मिस्र का एक अत्याचारी बादशाह जिसे पैग़म्बर मूसा ने हरा दिया था।

9. दी शैख़ बा चराग़ हमी गश्त गिर्दे शह्र
क,ज़ दीवो दद मलूल-म् ओ इन्सान-म् आरजूस्त

10. गुफ़्तन्द याफ़्त मी न शवद जुस्ते ईम मा
गुफ़्त् आन्कि याफ़्त मी न शवद आन-म् आरजूस्त

11. हरचन्द मुफ़्लिस-म् न पज़ीरम अक़ीक़े ख़ुर्द
कान् ए अक़ीक़ नादिर् ए अर्ज़ान-म् आरजूस्त

12. पिन्हान् ज़े दीदे हा व हमे दीदे हा अज़ूस्त
आन् आशकार-सुन्अते पिन्हान-म् आरजूस्त

13. यक दस्त जामे बादे ओ यक दस्त जा,दे यार
रक़्सी चुनीन् मियाने ए मैदान-म् आरज़ू,स्त

14. मन् हम रुबाबे इश्क़ी ओ इश्क़-म रुबाबी अस्त
वा,न् लुत्फ हा ए ज़ख़्मे ए रहमान-म् आरज़ूस्त

9. कल दिन में चराग़ लिए मेरा गुरु शहर के चारों ओर चक्कर लगा रहा था। वह कह रहा था—
"मैं अपने सब तरफ़ फैले पशुओं और राक्षसों से दुखी हो चुका हूँ। मुझे मनुष्य की खोज है"।

10. लोगों ने कहा—"वह (मनुष्य) तो मिलने से रहा। हम लोग भी खोज खोज कर हार चुके हैं।"
उसने जवाब दिया—"जो चीज़ मिल नहीं सकती, उसी की तलाश है मुझे।"

11. भले ही मैं ग़रीब होऊँ, लेकिन छोटे मोटे अक़ीक़ पत्थरों से मुझे बहलाया नहीं जा सकता।
मुझे उस अक़ीक़ के खान से ही तृप्ति मिलेगी, जो दुर्लभ तो है लेकिन मिलता है बिना किसी मोल के।

12. जो सभी आँखों से छिपा है लेकिन सभी आँखें उसी से रौशनी पाती हैं।
वह, जो ख़ुद तो छिपा हुआ है लेकिन जिसकी सृष्टि प्रकट है, मुझे उसी की इच्छा है।

13. एक हाथ में शराब का जाम और दूसरे में महबूब की गुँथी हुई चोटी।
इसी हाल में मैं खुले मैदान में नृत्य करना चाहता हूँ।

14. मैं भी इश्क़ के हाथ का रुबाब हूँ, मेरा इश्क़ रुबाब बजाने वाला है।
मुझे ख़ुद पर दयालु परमेश्वर के मिज़राब की चोटों की आरज़ू है।

9. अज़ इश्क़ न परहीज़म

1. मन आशिक़् ए जान्बाज़-म, अज़ इश्क़ न परहीज़म ?
मन मस्ते सर्-अन्दाज़-म अज़् अर्बदे नगुरीज़म ?

2. गूयन्द रक़ीबान-म अज़ इश्क़ न परहीज़ी ?
दर इश्क़ बेपरहीज़म, पस बा चे दर् आमीज़म ?

3. परवाने ए दमसाज़-म, मी सूज़म् ओ मी साज़म
दर बीख़ुदी ओ मस्ती, मी उफ़्तम् ओ मी ख़ीज़म

4. गर सर तलबी मन सर, दर पा ए तो अन्दाज़म
व,ज़ ज़र तलबी मन ज़र, अन्दर क़दम-त रीज़म

5. फ़र्दा कि ख़लायक़ रा अज़ ख़ाक बर-अंगीज़द
बीचारे मन् ए मिस्कीन् अज़ ख़ाके तो बर ख़ीज़म

6. गर दफ़्तरे हुस्न-त रा दर हश्र फ़ुरू ख़ानन्द
अन्दर अरसात आन् रूज़् शूरी दिगर अंगीज़द

7. गर दर अरसात आयद शम्सुल् हक़े तबरीज़ी
मन खाके सरे कूय-श बा मुश्क बेयामीज़म

9. प्रेमवीर

1. मैं जान की बाज़ी लगाने वाला आशिक़ हूँ, मुझे इश्क़ से परहेज़ क्यों हो?
मैं मस्त हूँ, सर कटा सकने वाला हूँ, किसी भी लड़ाई से क्यों भागूँ?

2. मेरे प्रतिद्वन्द्वी कहते हैं—इश्क़ से परहेज़ क्यों नहीं करते?
मैं कहता हूँ—"अगर इश्क़ से ही परहेज़ कर बैठूँ, तो फिर राब्ता किससे रखूँ?"

3. मैं वह दमसाज़ परवाना हूँ जो आग में जलता भी हूँ और उससे इश्क़ भी करता हूँ।
हर पल बेचैनी और मस्ती में—मैं गिरता हूँ और उठता भी हूँ।

4. अगर तुम मुझसे मेरा सर चाहते हो तो मैं अपना सर तुम्हारे क़दमों में डाल दूँगा।
और, अगर तुम्हारी इच्छा मुझसे ज़र (सोना) की है तो मैं ज़र तुम्हारे पैरों के नीचे बिछा दूँगा।

5. क़यामत के दिन जब संसार के लोगों को उनके ख़ाक (=क़ब्र) से उठाया जाएगा।
उस दिन मैं बेचारा ग़रीब अपनी नहीं, (बल्कि) तुम्हारी ख़ाक से बाहर निकलूँगा।

6. अगर क़यामत में तुम्हारे हुस्न का चिट्ठा पढ़ा जाएगा।
तब तो उस हालत में कुछ दूसरा ही शोर उठ जाएगा।

7. अगर उस हाल में तबरेज़ निवासी शम्सुद्दीन पहुँचते हैं—
तो मैं उस गली के सिरे की धूल में कस्तूरी मिला दूँगा।

10. मुबारक बाद

1. पिन्हान म–शौ कि रू ए तो बर मा मुबारक,स्त
नज़्ज़ारे ए तू बर हमे जान–हा मुबारक,स्त

2. यक लहज़े साये अज़ सरे मा दूरतर म–कुन
दानिस्ते ई कि साये ए अन्क़ा मुबारक,स्त

3. ऐ नौबहारे हुस्न! बिया, क्,आन हवा ए ख़ुश
बर बाग़् ओ राग़् ओ गुलशन् ओ सह्रा मुबारक,स्त

4. सौदाई ईम अज़ तू व बत्ताल कू बे कू
मा रा चुनीन् बतालतो सौदा मुबारक,स्त

5. चून् बर्गो चून् दरख़्त बिगुफ़्तन्द बी–ज़बान
बी गूश बिश्नवीद कि ईन्–हा मुबारक,स्त

6. सज्दे बरम, बे ख़ाके तो बर सर चू अफ़्सर,स्त
पा दर नहम, कि राहे तो बर पा मुबारक,स्त

7. हर दिल कि बा हवा ए तू इमशब शवद हरीफ़
ऊ रा यक़ीन बेदान तू कि फ़र्दा मुबारक,स्त

8. बेफ़्ज़ा शराबे ख़ामुशो मारा ख़मूश कुन
क,न्दर दरून् निहुफ़्तन् ए अशिया मुबारक,स्त

10. मंगलभवन अमंगलहारी

1. हमसे छुपना नहीं, क्योंकि तुम्हारा मुखड़ा हमारे लिए मुबारक है।
   और तुम्हारा दीदार हम सारी रूहों के लिए मुबारक है।

2. अपनी छाया हमारे सिर से पल भर के लिए भी दूर न होने देना
   क्योंकि तुम जानते हो कि अन्क़ा[10] की छाया शुभ होती है।

3. ऐ सौन्दर्य के नवीन वसन्त! पधारो, क्योंकि यह दिलकश बहार-
   वाटिका, पहाड़, गुलशन और रेगिस्तान, सबके लिए मुबारक है।

4. तुम्हारे नाते हम गलियों में दीवाने और नाकारा फिरते हैं—
   इस तरह की दीवानगी और बेकारी हमारे लिए मुबारक है।

5. जब पत्तियाँ और पेड़ बिना भाषा के बोलते हैं—
   तो तुम भी उन्हें बिना कानों के सुनो, क्योंकि उनका सुनना मुबारक है।

6. मैं तुम्हारी धूल पर सज्दा करूँगा, क्योंकि तुम्हारी ख़ाक सिर पर ताज की तरह है।
   मैं तुम्हारे रास्ते पर ही पैर रखूँगा, क्योंकि पाँवों के नीचे तुम्हारी राह का होना मुबारक है।

7. हर वह हृदय जिसका आज तुम्हारे साथ संवाद होता है—
   तय जान लो कि कल वह कल्याणमय हो जाता है।

8. मेरे जाम में ख़ामोशी की शराब ढाल दो और मुझे चुप करा दो,
   क्योंकि चीज़ों को अपने अन्दर छिपा लेना मुबारक होता है।

---

10. एक पौराणिक पक्षी जिसके बारे में विश्वास किया है कि उसकी छाया जिसके सिर पर पड़ जाये वह राजा हो जाता है।

11. सुख़ने इश्क़

1. वाय आन् दिल कि बेदू अज़ तू निशानी न रसद
   मुर्दे आन् तन कि बेदू मुज्दे ए जानी न रसद

2. सियह् आन रूज़ कि बी नूर् ए जमाल-त गुज़रद
   हीच अज़ मत्बख़े तो कासे ओ ख़ानी न रसद

3. वाय आन् दिल कि ज़ इश्के तू दर् आतश न रवद
   हमचू ज़र ख़र्ज शवद हीच बे कानी न रसद

4. सुख़ने इश्क़ चू बीदर्द बुवद बर न दहद
   जुज़ बे गूशे हवस् ओ जुज़ बे ज़बानी न रसद

5. मरियमे दिल न शवद हामिले अनवारे मसीह
   ता अमानत ज़ नहानी बे नहानी न रसद

6. हिस चू बीदार बुवद ख़ाब न बीनद हरगिज़
   अज़ जहान ता न रवद दिल बे जहानी न रसद

7. ईन् ज़मान् जह्द बेकुन् ता ज जहान् बाज़ रही
   पीश् अज़् आन दम कि ज़मानी बे ज़मानी नरसद

8. तीरे सुब्ही कि मरा अज़ तो सलामी न नरसद
   तल्ख़ रूज़ी कि ज़ि शहदे तो बयानी नरसद

11. धिक् कृष्णाभक्तम्[11]

1. धिक्कार है उस हृदय को! जिस तक तुम्हारे संकेत नहीं पहुँच पाते।
   मरा हुआ है वह शरीर, जिस तक उन प्राणों के सुसन्देश नहीं पहुँच पाते।

2. अन्धेरा है वह दिन जो तुम्हारे सौन्दर्य के प्रकाश के बिना गुज़र जाय।
   उस दिन मानों, तुम्हारी रसोई से उस तक कोई निवाला नहीं पहुँचता।

3. वह दिल भी क्या, जो तुम्हारे प्रेम की आग में प्रविष्ट नहीं हुआ।
   वह दिल कच्चे सोने की तरह व्यर्थ हो जाता है और अपने असल तक बिल्कुल नहीं पहुँच पाता॥

4. प्रेम की बात में अगर दर्द और वेदना न हो तो उसका कोई भी फल नहीं है।
   ऐसी बातें केवल वासना की जीभ से उठकर हवस के कान तक ही पहुँच पाती हैं॥

5. हृदय रूपी मरियम ईसा के प्रकाश को तब तक गर्भ में धारण नहीं कर पाती—
   जब तक अदृश्य लोक की सम्पदा इस लोक तक न पहुँच जाये।

6. जब चेतना में जागरण घटित हो जाता है तो फिर उसे सपने नहीं आते।
   जब तक कोई इस संसार को छोड़ता नहीं, दूसरे संसार तक नहीं पहुँच पाता॥

7. इसलिए, इसी समय तुम एक ऐसी छलाँग लगाओ कि समय की हद से बाहर चले जाओ।
   और वहाँ पहुँच जाओ, जहाँ एक समय के बाद दूसरा समय नहीं आता॥

8. अँधेरी है वह सुबह, जब तुम्हारा सन्देश मुझ तक नहीं पहुँचता।
   कड़वा है वह दिन जिसमें तुम्हारी मधुर बातें मुझ तक नहीं आती॥

---

11. धिक्कार है उसको जिसे कृष्ण अच्छे नहीं लगते। (सिद्धान्तकौमुदी—कारकप्रकरणम्)॥

12. वासोख़्त

1. ऐ ख़ुदावन्द! यकी यार् ए जफ़ाकार-श देह
   दिलबरी, इश्वेगरे सरकश् ए ख़ूनख़ार-श देह

2. ता बेदानद कि शब् ए मा बेचेसान मी गुज़रद
   ग़मे इश्क़-श देह् ओ इश्क़-श देह् ओ बिस्यार-श देह

3. चन्द रूज़ी जिहते तजरुबे बीमार-श कुन
   बा तबीबे दग़ली-पीशे सरोकार-श देह

4. बेबर-श सू ए बयाबान् ओ कुन् ऊ रा तश्ने
   यक सक़ा ई हजरी-सीने सबुकबार-श देह

5. गुमरह-श कुन कि रहे रास्त न दानद सु ए शह्र
   पस कलावज़ कजे बीहूदे ए रफ्तार-श देह

6. आलम अज़ सरकशी ए आन् मह, सरगश्ते शुदन्द
   मुद्दती गर्दिशे ईन् गुम्बदे दव्वार-श देह

7. मुनकिरे यार शुद,स्त् ऊ कि मरा याद नमान्द
   बेबर इनकार अज़् ऊ ओ दमे इक़रार-श देह

8. बस कुन ऐ साक़ी ओ कस रा चू रही मस्त मकुन
   व,र कुनी मस्त, बेदीन् हद रहे हमवार-श देह

12. वासोख़्त[12]

1. ऐ ख़ुदा, मेरे महबूब को भी एक ज़ालिम माशूक़ दे दे।
उसके दिल को भी कोई ऐसा शख़्स चुरा ले, जो सरकश (धृष्ट) और ख़ूँख़ार (क्रूर) हो!—
2. —ताकि वह जान सके कि मेरी रातें किस आलम में गुज़रती हैं।
इसलिए पहले तो उसे प्रेम दे, फिर प्रेम की तड़प दे—और फिर ये तड़प ख़ूब ज़्यादा दे।

3. कुछ दिन केवल तजरुबे के लिए ही सही, उसे भी बीमार कर दे।
और फिर उसकी भेंट एक फ़र्ज़ी हकीम से करा दे।

4. उसे बयाबान की ओर ले जाकर प्यास से व्याकुल कर दे।
और फिर उसकी भेंट ऐसे पानी पिलाने वाले से करा जो पत्थरदिल और दर्द को न समझने वाला हो।
5. उसे इस तरह गुमराह कर दे कि उसे शहर की ओर आने वाला सीधा रस्ता ही न मिले।
उसके लश्कर का सिपाही बड़ा ही टेढ़ा और बुरे बर्ताव वाला हो।
6. सारी दुनिया इस महबूब की सरकशी से परेशानहाल हो चुकी है।
कुछ समय के लिए उसे भी इसी भाग्य चक्र के फेर में डाल दे।
7. वह अपने आशिक़ों का इनकार यह कह कर करता है कि उसे कुछ भी याद ही नहीं है।
उससे इनकार की आदत छीन ले और इक़रार का माद्दा दे दे।

8. अब रहने भी दे साक़ी! किसी भी और को मेरी तरह मस्त न कर।
और अगर मस्त करना ही है तो उसकी राह को मेरी तरह सीधा और समतल बना दे।

---

12. वासोख़्त कविता की एक विधा है जिसमें महबूब की लानत मलामत की जाती है तथा उससे बेज़ारी बयान की जाती है।

13. अक़्ल् ओ इश्क़

1. दर मियाने पर्दे ए ख़ून् इश्क़ रा गुलजार-हा
आशिक़ान् रा बा जमाले इश्क़ बी चून कार-हा

2. अक़्ल गूयद शश जिहत हद्‌द,स्त् ओ बीरून राह नीस्त
इश्क़ गूयद राह हस्त् ओ रफ़्ते अम मन बार-हा

3. अक़्ल बाज़ारी बेदीद् ओ ताजिरी आग़ाज़ कर्द
इश्क़ दीदे ज़्,आन् सु ए बाज़ारे ऊ बाज़ार-हा

4. ऐ बसा, मन्सूर पिन्हान् ज़् ऐतिमादे जाने इश्क़
तर्के मिम्बर हा बेगुफ़्ते बर शुदे बर दार-हा

5. आशिक़ाने दर्दकिश रा दर दरूने ज़ौक़ हा
आक़िलाने तीरेदिल रा दर दरून इन्कार-हा

6. अक्ल गूयद-पा म-नेह, क,न्दर फ़ना जुज़ ख़ार नीस्त
इश्क़ गूयद अक़्ल रा क,न्दर तु अस्त आन् ख़ार-हा

7. शम्से तबरीज़ी तु-ई ख़ुर्शीद अन्दर अब्रे हर्फ़
चून बरामद आफ़ताब-त मह्व शुद गुफ़्तार हा

13. अक़्ल् ओ इश्क़

1. इश्क़ के बाग़ान ख़ून के पर्दों के पीछे छिपे होते हैं।
इश्क़ की ख़ूबसूरती के नाते आशिक़ों के किसी भी काम में किन्तु परन्तु नहीं होता।

2. अक़्ल कहती है—"चारो ओर रुकावटें ही रुकावटें हैं, आगे जाने का कोई भी रास्ता नहीं है।"
इश्क़ कहता है—"अरे नहीं, रास्ता तो है। मैं ख़ुद बहुत बार गया भी हूँ।"

3. अक़्ल जहाँ भी बाज़ार देखती है, अपनी बनियागिरी शुरू कर देती है।
इश्क़ को इस बाज़ार के आगे दूसरे बाज़ार भी दीख रहे होते हैं।

4. बहुत सारे मंसूरों ने चुपके-चुपके प्रेम पर भरोसा कर—
व्यास-गद्दियाँ छोड़-छोड़ फाँसी के तख़्तों को गले लगाया।

5. दर्द झेलते समय भी प्रेमियों के अन्दर अलौकिक स्वाद उमड़ता रहता है।
जबकि कुतर्कियों के अन्धेरे दिल में इनकार की काली रात मँडराती रहती है।

6. अक़्ल इश्क़ से कहती है—फ़ना के रास्ते में पाँव न रखना! वहाँ काँटों के अलावा और कुछ नहीं है!
इश्क़ अक़्ल से कहता है—वे काँटे फ़ना की राह में नहीं, बल्कि तुम्हारे अन्दर ही हैं!!

7. ऐ शम्से तबरेज़! आप वे सूरज हैं जिसे बातों ने बादल की तरह छिपा लिया था।
जब तुम सूरज की तरह बाहर आ गए तो बाक़ी सारी बातें तुम्हीं में गुम हो गईं।

14. बाख़ुदी व बीख़ुदी

1. आन नफ़सी कि बाख़ुदी यार चू ख़ार आयद-त
   वा,न नफ़सी कि बीख़ुदी यार चे कार आयद-त ?

2. आन नफ़सी कि बा ख़ुदी ख़ुद तो शिकार् ए पशशे ई
   वा,न नफ़सी कि बीख़ुदी पील शिकार आयद-त

3. आन नफ़सी कि बा ख़ुदी बस्ते ए अब्रे ग़ुस्से ई
   वा,न नफ़सी कि बीख़ुदी मह बे किनार आयद-त

4. आन नफ़सी कि बाख़ुदी यार किनारे मी कुनद
   वा,न नफ़सी कि बीख़ुदी बादे ए यार आयद-त

5. आन नफसी कि बाख़ुदी हमचू ख़ज़ान् फ़सुर्दे ई
   वा,न नफ़सी कि बीख़ुदी दै चू बहार आयद-त

6. जुम्ले ए बी-क़रारि-यत अज़ तलबे क़रारे तू,स्त
   तालिबे बी क़रार शौ ता कि क़रार आयद-त

7. जुम्ले ए नागवारि-यत अज़ तलबे गवारिश अस्त
   तर्के गवारिश अर कुनी ज़ह्र गवार आयद-त

14. अहंकार और निरहंकारिता

1. जब तुम अपने अहंकार के साथ रहते हो तो तुम्हें अपने जैसा प्रिय भी काँटे की तरह चुभता है।
   और जब तुम अहंकारविहीन होकर ख़ुद को पा लेते हो तो फिर तुम्हारा प्रिय भी तुम्हारे किस काम का?

2. जब तुम अपने अहंकार के साथ होते हो तो एक मच्छर भी तुम्हें मार सकता है।
   और जब तुम अहंकार-रहित होते हो तो तुम हाथी का भी शिकार कर सकते हो।

3. जब तुम अहंकार में होते हो तो मानो दुखों के बादलों में घिरे हुए होते हो।
   और जब तुम्हारा अहंकार विलीन होता है तो तुम्हारा चाँद (=प्रिय) तुम्हारी बाँहों में आ जाता है।

4. जब तुम अहंकारग्रस्त होते हो तो तुम्हारा प्रिय तुम्हें किनारे हटा देता है,
   और जब तुम अहंकार रहित होते हो तो प्रिय किसी मादक शराब की तरह तुम तक आ पहुँचता है।

5. जब तुम अहंकार में होते हो तो मानों पतझड़ की तरह सिकुड़ जाते हो,
   और जब तुम अहंकार-रहित होते हो तो पतझड़ भी तुम्हारे लिए वसन्त की तरह विस्तृत हो जाता है।

6. तुम्हारी सारी बेचैनी इस नाते है क्योंकि चैनो-क़रार के पीछे तुम ख़ुद भाग रहे हो।
   अगर तुम ख़ुद बेक़रार आशिक़ बन जाओ तो क़रार भी तुम्हारे पीछे दौड़ने लग जाए।

7. तुम्हारी सारी नागवारियाँ इसलिए हैं कि तुम अनुकूलताओं के पीछे भाग रहे हो।
   अगर तुम अनुकूलताओं की तलब छोड़ दो तो ज़हर भी तुम्हारे अनुकूल हो जाए।

8. जुम्ले ए बी मुरादियत अज़ तलबे मुरादे तू,स्त
वरना हमे मुराद-हा हमचू निसार आयद-त

9. आशिक़े जौरे यार शौ, आशिक़े मेह्रे यार नै
ताकि निगारे नाज़गर आशिक़े ज़ार आयद-त

10. ख़ुसरवे शर्क़ शम्से दीन् अज़ तबरीज़ चून रसद
अज़ मह् ओ अज़ सितारे हा व,ल्लह आर आयद-त

8. तुम्हारी सारी असफलताएँ, नाकामियाँ इसी नाते हैं कि तुम सफलताओं के पीछे भागते फिरते हो।
अगर तुम ऐसा न करो तो सारी सफलताएँ अपने आपको तुम पर न्यौछावर करने लग जाएँ।

9. प्रिय के अत्याचार की इच्छा करो, उसके लाड की ख़ाहिश न रखो।
ताकि वह नखरे वाला महबूब एक दिन तुम्हें टूट कर चाहने लगे।

10. पूरब दिशा का राजा शम्स जब तबरेज़ शहर से निकलता है—
तब तुमको (उसके प्रकाश के कारण) चाँद और सितारे शर्मिन्दा लगने लगते हैं।

15. यारे ख़ीश बाश

1. ऐ सनाई, गर नयाबी यार, यारे ख़ीश बाश
दर जहान हर मर्द् ओ कारी मर्दे कारे ख़ीश बाश

2. हर यकी ज़्,ईन कारवान मर रख़्ते ख़ुद रा रहज़न-न्द
ख़ीशतन रा पस निशानो पीशे बारे ख़ीश बाश

3. हिस्से फ़ानी मी दहन्द् ओ इश्क़े फ़ानी मी ख़रन्द
ज़ी,न् दो जूये ख़ुश्क बुग्ज़र, जू ए बारे ख़ीश बाश

4. मी कशन्द-त दस्त दस्त् ईन दूस्तान ता नीस्ती
दस्त दुज़्द् अज़ दस्ते-शान् ओ दस्तयारे ख़ीश बाश

5. ईन निगारान् नक़्शे पर्दे आन निगाराने दिलन्द
पर्दे रा बर दार् ओ दर रौ बा निगारे ख़ीश बाश

6. बा निगारे ख़ीश बाश, ओ ख़ूबे ख़ूब अन्दीश बाश
अज़ दो आलम बीश बाशो दर दियारे ख़ीश बाश

7. रौ मकुन मस्ती अज़् आन् मस्ती क,जू ज़ायद ग़ुरूर
ग़र्रे आन रूयी बेबीन् ओ होशियारे ख़ीश बाश

15. उद्धरेदात्मनात्मानम्[13]

1. ऐ सनाई![14] अगर तुमको कोई और यार नहीं मिलता तो तुम ख़ुद अपने यार बन जाओ।
   इस संसार में हर आदमी का यार उसका अपना काम है। तुम भी अपने काम के लिए ख़ुद मर्द बन जाओ।

2. इस दुनिया में सारे लोग अपना सामान ख़ुद ही लूटने में लगे हुए हैं,
   तुम अपने आपको पीछे छिपा लो और अपने सामान की सुरक्षा करो।

3. दुनिया के लोग क्षणिक उत्तेजनाओं को बेचकर क्षणिक प्रेम ख़रीदते हैं।
   ये दोनों सूखे हुए सोते हैं। इनको पार करो, और ख़ुद अपने लिए प्रेम का सरस स्रोत बन जाओ।

4. ये दुनियावी दोस्त तुम्हें हाथों-हाथ बर्बादी तक पहुँचा देंगे।
   इन दोस्तों से हाथ छुड़ाकर अपने हाथों को अपने ही मज़बूत हाथों में ले लो।

5. ये जो दुनियावी महबूब हैं, वे उस दुनिया के असली मा,शूक़ को छिपाने वाले पर्दे पर बने हुए बेल बूटे हैं।
   इस पर्दे को उठा दो, निकल जाओ और अपने असली महबूब के साथ मिल जाओ।

6. अपने प्रिय के साथ रहो और शुभतम का चिन्तन करो।
   दोनों दुनिया से बढ़कर हो जाओ और अपने घरों में रहो।

7. ऐसे सुख में मत भूलो भटको जिस सुख से तुम्हारा अहंकार बढ़ता हो।
   उस प्रतिष्ठित चेहरे को देखो और अपने प्रति सजग बने रहो।

13. अपने हाथों अपना उद्धार करो (भगवद्गीता 6.5)

14. सनाई ग़ज़नवी (1080-1131 ई.) रूमी के पूर्ववर्ती एक बड़े सूफ़ी सन्त थे। रूमी ने इस ग़ज़ल का पहला शे,र सनाई से ही लिया है।

16. इश्क़े हक़ीक़ी

1. आन् रूह रा कि इश्क़े हक़ीक़ीशुआर नीस्त
नाबूदे बेह कि बूदने ऊ ग़ैरे आर नीस्त

2. दर इश्क़ मस्त बाश कि इश्क़,स्त हर चे हस्त
बी कारो बारे इश्क़ बरे दूस्त बार नीस्त

3. गूयन्द इश्क़ चीस्त, बेगू-तर्के इख़्तियार
हर कू ज़ इख़्तियार न रुस्त इख़्तियार नीस्त

4. आशिक़ शहंशही,स्त, दो आलम बर् ऊ निसार
हीच इल्तिफ़ाते शाह बे सू ए निसार नीस्त

5. इश्क़,स्त ओ आशिक़,स्त कि बाक़ी,स्त ता अबद
दिल बर जुज़ ईन मनेह* कि ऊ मुस्तआर नीस्त

6. ता कै कनार गीरी मा,शूक़े मुर्दे रा
जान् रा किनार गीर कि ऊ रा किनार नीस्त

7. आन कज़ बहार ज़ाद बमीरद गहे ख़ज़ान
गुलज़ारे इश्क़ रा मदद् अज़ नौ बहार नीस्त

* मनेह में ने का उच्चारण दीर्घ 'ए' किया जाएगा

16. जेहि घट प्रेम न संचरै[15]

1. वह आत्मा जिसे इश्के हक़ीक़ी की तमीज़ नहीं है,
   उसका नहीं होना ही बेहतर है, क्योंकि उसका होना शर्मसारी के सिवाय और कुछ नहीं है।

2. प्रेम में मस्त हो जाओ, क्योंकि प्रेम ही है सब कुछ जो भी है।
   इस प्रेम व्यापार के बिना प्रिय के राज्य में प्रवेश की अनुमति नहीं है।

3. लोग पूछते हैं—प्रेम क्या है ? उनसे कह दो—अधिकार-मद को छोड़ देना ही इश्क़ है।
   जो भी अधिकार से नहीं छूट पाया है उसे किसी भी प्रकार का अधिकार नहीं है।

4. प्रेमी तो सम्राट् होता है, दोनों जहान उस पर निसार हैं,
   दुनियावी राजाओं की किसी भी कृपा में उस सम्राट पर निसार होने की भी योग्यता नहीं होती।

5. केवल प्रेम और प्रेमी ही हैं जो अनन्तकाल तक बाक़ी रहते हैं।
   इनके अलावा और किसी से दिल मत लगाओ, क्योंकि और किसी में निरन्तरता नहीं है।

6. कब तक तुम मुर्दा माशूक़ों को गले से लगाये फिरते रहोगे ?
   अपनी आत्मा को गले से लगा लो जिसकी कोई सीमा नहीं है।

7. दुनियावी हरियाली तो वसन्त आने पर पैदा होती है और पतझड़ के समय मर जाती है,
   प्रेम का बाग़ीचा, आने जाने वाली क्षणभंगुर बहार से कोई सहायता नहीं लेता।

---

15. कबीर

8. आन गुल कि अज़ बहार बुवद खार यारे ऊस्त
वा,न मै कि अज़ असीर बुवद बी ख़ुमार नीस्त

9. नज़्ज़ारे गू मबाश दर ईन् राहे इन्तज़ार
व,ल्लह कि हीच मर्ग बतर ज़् इन्तिज़ार नीस्त

10. बर नक़्दे क़ल्ब ज़न तू अगर क़ल्ब नीस्ती
ईन नुक्ते गूश कुन अगर-त गूशवार नीस्त

11. बर अस्बे तन म-लर्ज़ सुबुकतर पयादे शौ
पर्र-श दहद ख़ुदाय कि बर तन सवार नीस्त

12. अन्दीशे रा रिहा कुन् ओ दिल-सादे शौ तमाम
चून रू ए आइने कि बे नक़्शो निगार नीस्त

13. चून सादे शुद ज़ नक़्श हमे नक़्श हा दर् ऊ स्त
आन् सादे रू ज़ रू ए कसी शर्मसार नीस्त

14. चून् रू ए आहनीन् ज़ सफ़ा ईन हुनर बयाफ़्त
ता रू ए दिल चे याबद कू रा ग़ुबार नीस्त

15. गूयम चे याबद ऊ, न न गूयम ख़मुश बेह् अस्त
ता दिलसितान् नगूयद कू राज़दार नीस्त

8. वह फूल जो वसन्त में पैदा होता है काँटे उसके साथी होते हैं,
और वह शराब जो दुनियावी रसों से निकाली जाती है, सरदर्द ही देती है।

9. सारे नज़ारों से कह दो कि वे इस इन्तज़ार के रास्ते में न रहें।
ख़ुदा क़सम, इन्तज़ार से बदतर और कोई मौत नहीं होती।

10. अगर तुम झूठे नहीं हो तो मेरी बात को अपने हृदय की सम्पत्ति पर छाप लो
मेरे (निम्नलिखित) विचार को कान में सजा लो अगर तुम्हारे पास कर्णाभूषण नहीं है।

11. अपने शरीर के घोड़े पर चढ़ कर अहंकारी बन मत घूमो, हल्के होकर पैदल चलो।
वे लोग जो शरीर पर सवार नहीं होते, परमेश्वर उन्हें पंख दे देता है।

12. अपने विचारों को छोड़ दो और अपने हृदय को पूरी तरह स्वच्छ कर लो—
उस दर्पण के तल की तरह जिसमें बेल-बूटे और कशीदाकारियाँ न बनी हों।

13. जब सारे छाप दिल से साफ़ हो जाते हैं तो सभी तरह के रहस्य उसमें दीखने लगते हैं
वह सादा-दिल व्यक्ति किसी से भी शर्मिन्दा नहीं होने पाता।

14. सोचो, जब लोहे को घिस देने से इतनी स्वच्छता प्राप्त करके कुशल दर्पण बन जाता है—
तो हृदय का तल जब धूल-मिट्टी से रहित हो जाएगा तो क्या ख़ूब चमक पा लेगा!

15. अच्छा, मैं बताऊँ वह क्या पा लेगा? नहीं नहीं, रहने दो, नहीं बताऊँगा। चुप रहना बेहतर है,
वरना मेरा महबूब कहने लगेगा कि मैं राज़दार नहीं हूँ।

17. रुख़ अन्दर रुख़

1. आनान कि तलबकारे ख़ुदा-ईद, ख़ुदा-ईद
   हाजत बे तलब नीस्त शुमा-ईद शुमा-ईद

2. चीज़ी कि नकर्दीद गुम् अज़ बहे चे जूयीद
   कस ग़ैरे शुमा नीस्त कुजा ईद कुजा-ईद ?

3. दर ख़ाने नशीनीद ओ मगर्दीद बे हर दर
   ज़ीरा कि शुमा ख़ाने ओ हम ख़ाने ख़ुदा-ईद

4. ज़ात्-ईद ओ सिफ़ात्-ईद गही अर्श गही फ़र्श
   दर ऐने बक़ा-ईद ओ मुबर्रा ज़ फ़ना-ईद

5. इस्म्-ईद ओ हरूफ़्-ईद ओ कलाम्-ईद ओ किताब्-ईद
   जिब्रीले अमीन्-ईद ओ रसूलाने समा-ईद

6. ख़ाहीद बेबीनीद रुख़ अन्दर रुख़े माशूक़
   ज़ंगार ज़ आईने बे सैक़ल बेज़ुदाईद

7. हर रम्ज़ कि मौला बेसरायद बे हक़ीक़त
   मी दान कि बेदान रम्ज़ सज़ा ईद सज़ा ईद

8. शम्सुल्हक़े तबरीज़ चू सुल्ताने जहानी
   आन-हा कि तलबकारे सख़ा-ईद कुजा-ईद ?

17. तोचि भगवन्ताची मुर्ती[16]

1. तुम लोग, जो कि ईश्वर की खोज में लगे हो, ख़ुद ही ईश्वर हो
तुम्हें उसे खोजने की ज़रूरत ही नहीं है। वह तुम्हीं हो! वह तुम्हीं हो!!

2. जिसे तुमने खोया ही नहीं, उस चीज़ को खोज क्यों रहे हो?
तुम्हारे सिवा कोई और है ही नहीं, तुम कहाँ हो? तुम कहाँ हो??

3. अपने घर में बैठो और दर-दर मत भटको,
क्योंकि यह घर भी तुम्हीं हो और ख़ुदा का घर (काबा) भी तुम्हीं हो।

4. तुम्हीं अस्तित्व हो और उस पर लगने वाले विशेषण भी तुम्हीं हो।
तुम कभी उच्चतम आसमान बन जाते हो तो कभी निम्नतम जमीन।
तुम स्वयं अमृतत्व हो और नाश की आशंकामात्र से रहित हो।

5. नाम तुम्हीं हो, नामों में प्रयुक्त वर्ण तुम्हीं हो, और किताब तुम्हीं हो,
ईश्वरीय धरोहर के रक्षक जिब्रील[17] तुम्हीं हो और आसमानों से भेजे जाने वाले पैग़म्बर भी तुम्हीं हो।

6. अगर तुम्हें अपने मा,शूक़ के चेहरे में अपना चेहरा देखना है—
तो रेगमाल से अपने हृदय-दर्पण पर लगे ज़ंग को माँज दो।

7. स्वामी (परमेश्वर) अपनी सत्ता के बारे में जिन-जिन रहस्यों का वर्णन करता है,
यह जान लो कि उन सभी रहस्यों की योग्यता तुममें है।

8. शम्स तबरेज़ संसार के सम्राट् की तरह हैं,
जिनको उदारता की खोज है—वे लोग कहाँ हैं?

---

16. सन्त तुकाराम (वही भगवान का स्वरूप है।)
17. जिब्रील सबसे बड़े फ़रिश्ते का नाम है, जिसके हाथ ईश्वर अपना सन्देश पैग़म्बरों तक पठाता है।

18. आज़ूबे ए रब्बानी

1. जाना! बे ग़रीबिस्तान चन्दीन बे चे मी मानी?
बाज़् आ तू अज़् ईन ग़ुर्बत ता चन्द परीशानी?

2. सद नामे फ़रिस्तादम, सद राह निशान् दादम
या नामे नमी ख़ानी, या राह नमी दानी

3. गर नामे नमी ख़ानी ख़ुद नामे तोरा ख़ानद
व,र राह नमी दानी ख़ुद पंजे ए रह दानी

4. बाज़ आ कि दर् आन महबस क़द्रे तो नदानद कस
बा संग-दिलान मनशीन चून् गौहरे ईन् कानी

5. ऐ अज़ दिलो जान रस्ते! दस्त अज़ दिलो जान शुस्ते
अज़ दामे जहान जस्ते बाज़ आ कि ज़ बाज़ानी

6. हम आबी ओ हम जूई हम आब हमी जूई
हम शीरो हम आहू ई हम बेहतर अज़ ईशानी

7. चन्द अस्त ज़ तू ता जान् तू तुर्फ़ेतर्-ई या जान?
आमीख़्ते ई बा जान या परतवे जानानी

8. नूरे क़मरी दर शब क़न्दो शकरी दर लब
या रब चे कसी या रब आजूबे ए रब्बानी

18. अमृत स्त्रोत का उद्गम बिन्दु—

1. मेरे प्यारे! इस उजाड़ में कब तक रहोगे और क्यों रहोगे?
   इस परदेस से लौट आओ! कब तक यूँ ही परेशान फिरते रहोगे?

2. मैंने तुमको मिलन के लिए सैकड़ों चिट्ठियाँ भेजीं और हज़ारों रास्ते दिखाए,
   लेकिन, या तो तुम मेरे पत्रों को पढ़ते ही नहीं या फिर रास्ता ही नहीं समझ पाते।

3. अगर तुम चिट्ठी नहीं पढ़ोगे तो भी एक दिन ख़ुद चिट्ठी तुम्हें पढ़ लेगी,
   और, अगर तुम रास्ता नहीं पाओगे तो भी एक दिन अपने को रास्ते के पंजे में पाओगे।

4. लौट आओ, क्योंकि उस कारागार में तुम्हारी क़द्र जानने वाला कोई नहीं है।
   पत्थरदिल लोगों के साथ मत बैठो क्योंकि तुम इस खान के बेहतरीन हीरे हो।

5. तुम हृदय और प्राण दोनों से मुक्त हो चुके हो। अब दोनों ही से अपने हाथ धो चुके हो,
   तुम संसार के जाल से छूट चुके हो। अब लौट आओ क्योंकि तुम (कबूतर नहीं) बाज़ हो।

6. तुम जल भी हो और जलस्त्रोत भी हो और जल की खोज भी कर रहे हो,
   तुम शेर भी हो और हिरन भी और इन दोनों से बेहतर भी हो।

7. तुम्हारे और आत्मा में कितनी दूरी है? तुम ज्यादा आश्चर्यजनक हो या आत्मा?
   तुम आत्मा से मिश्रित हो या प्राणों के प्राण प्रियतम के प्रतिबिम्ब हो?

8. तुम रात में चन्द्रमा के प्रकाश हो, होठों पर कन्द और शक्कर हो।
   हे प्रभु! हे प्रभु! तुम कौन हो? तुम ईश्वरीय आश्चर्य हो।

9. हर दम ज़े तो ज़ीब् ओ फ़र अज़ मा दिल् ओ जान् ओ सर
बाज़ार चुनीन् ख़ुशतर ख़ुश बेद्ही ओ बिस्तानी

10. अज़ इश्क़े तो जान बुर्दन व,ज़ मा चू शकर मुर्दन
ज़ह्र् अज़ कफ़े तो ख़ुर्दन सर चश्मे ए हैवानी

9. तुम्हारे सौन्दर्य और भव्यता पर मेरे हृदय, प्राण और सिर हर पल न्यौछावर होते रहें। अगर हमारे बीच इस तरह का लेन-देन चलता रहे तो यह सारा बाज़ार बहुत ही मंगलमय हो जाएगा।

10. तुम्हारा प्रेम हमारे प्राण लेता है और हम शक्कर की तरह मधुर मृत्यु को प्राप्त होते हैं।
तुम्हारी हथेली से ज़हर खा पाना अमृत के स्रोत का उद्गम बिन्दु है।

19. बेमीरीद! बेमीरीद!!

1. बेमीरीद! बेमीरीद!! दर ईन इश्क़ बेमीरीद!
दर ईन इश्क़ चु मुर्दीद हमे रूह पज़ीरीद

2. बेमीरीद बेमीरीद व,ज़् ईन मर्ग मतर्सीद
क,ज़् ईन ख़ाक बर आईद समावात बेगीरीद

3. बेमीरीद बेमीरीद व,ज़ीन नफ़्स बेबुर्रीद
कि ईन नफ़्स चु बन्द-स्त ओ शुमा हमचू असीर्-ईद

4. यकी तीशे बेगीरीद पये हुफ़्रे ए ज़िन्दान
चू ज़िन्दान बिशिकस्तीद हमे शाह् ओ अमीर्-ईद

5. बेमीरीद बेमीरीद बेपीशे शहे ज़ीबा
बरे शाह चू मुर्दीद हमे शाहो शहीर्-ईद

6. बेमीरीद बेमीरीद व,ज़ीन् अब्र बर आईद
चू ज़ी,न अब्र बरायीद हमे बद्रे मुनीर्-ईद

19. मरो मरो! हे जोगी मरो!! मरण है मीठा[18]

1. मिटा दो ख़ुद को! मिटा दो!! इस इश्क़ में—
   अगर तुम इस प्रेम में मर सके तो प्राणमय हो जाओगे!

2. मिटा दो ख़ुद को! मिटा दो!! इस तरह के मरने से बिल्कुल मत डरो,
   क्योंकि इस तरह मरने से तुम इस पस्त मिट्‌टी से उठकर आसमानों तक पहुँच पाओगे।

3. मिटा ख़ुद को! मिटा दो!! और इस वासना से मुक्त हो जाओ,
   क्योंकि यह वासना बन्धन की तरह है जिसमें तुम एक क़ैदी की तरह हो।

4. इस क़ैदख़ाने में सेंध मारने के लिए एक फावड़ा उठा लो,
   अगर तुमने यह कारागार तोड़ डाला तो समझो, शाहों के शाह हो गए।

5. मिटा दो ख़ुद को! मिटा दो!! उस सौन्दर्य सम्राट के आगे,
   अगर सम्राट की बाहों में मर गए तो समझो पूर्णतः सम्राट हो जाओगे।

6. मिटा दो ख़ुद को! मिटा दो!! और इस घने बादल से बाहर निकल आओ,
   ज्यों ही तुम इस बादल से बाहर आए बिल्कुल सम्पूर्ण चन्द्र बन जाओगे।

---

18. गोरखनाथ

20. बी साजिद सजूदी

1. दाद जारूबी बे दस्त–म आन निगार
गुफ़्त क,ज़ दर्या बर अंगीज़ान् ग़ुबार

2. बाज़ आन जारूब रा ज़्,आतश बेसूख़्त
गुफ़्त क,ज़ आतश तू जारूबी बर आर

3. कर्दम अज़ हैरत सजूदी पीशे ऊ
गुफ़्त बी साजिद सजूदी ख़ुश बियार

4. आह बी साजिद सजूदी चून् बुवद?
गुफ़्त–बी चून बाशद् ओ बी ख़ार ख़ार

5. गरदनक रा पीश कर्दम गुफ़्तम–श
साजिदी रा सर बेबुर अज़ ज़ुल्फ़िक़ार

6. तीग़ ता ऊ बीश ज़द सर बीश शुद
ता बरुस्त अज़ गर्दन–म सर सद हज़ार

7. मन चराग़ो हर सरम हमचू फ़तील
हर तरफ़ अन्दर गिरफ़्ते अज़ शरार

8. शम्अ–हा मी वरशद अज़ सर–हा ए मन
शर्क़ ता मग़रिब गिरफ़्ते अज़ क़तार

20. सिर काटे सिर होय[19]

1. उस छबीले यार ने मेरे हाथ में झाड़ू पकड़ा दिया,
   और कहा कि इस समुद्र से ग़ुबार को साफ़ करो।

2. फिर उसने उस झाड़ू को आग में जला दिया,
   और कहा—कि अब आग से झाड़ू निकाल लाओ।

3. चकित हो मैंने सिजदा किया,
   उसने पलटकर कहा—ऐसा सिजदा करो जिसमें कोई सिजदा करने वाला ही न रह जाय।

4. (मैंने पूछा) अरे! बिना साजिद के सिजदा कैसा होता है?
   उसने कहा—ऐसा सिजदा दुई के संशय से रहित और निष्कण्टक होता है।

5. मैंने अपनी गर्दन उसके सामने लाकर कहा—
   सिजदा करने वाले का सिर दोमुँही तलवार से काट डालो।

6. जितनी बार उसने तलवार चलाई सिर अधिक होते गए।
   यहाँ तक कि मेरी गर्दन पर सौ हज़ार सिर उग आए।

7. मैं दिये की तरह हूँ और मेरे सारे सिर बत्तियों की तरह हैं
   जिसमें हर तरफ़ ज्वालाएँ लगी हुई हैं।

8. अब तो मेरे सरों से दिये ही दिये बरसते हैं।
   उन दियों से पूरब से पच्छिम तक कतारें बँध गई हैं।

---

19. कबीरदास

21. नज़्दे कसी

1. दिला नज़्दे कसी बेन्शीन् कि ऊ अज़ दिल ख़बर दारद
   बे नज़्दे आन् दरख़्ती रौ कि ऊ गुल-हा ए तर दारद

2. दर् ईन बाज़ारे अत्तारान् मरौ हर सू चु बीकारान
   बे दुक्काने कसी बेन्शीन् कि दर् दुक्कान् शकर दारद

3. तराज़ू गर न दारी पस तुरा ज़ू रह ज़नद हर कस
   यकी क़ल्बी बे-आरायद तू पिन्दारी कि ज़र दारद

4. तुरा बर दर निशानद ऊ ब तर्रारी कि मी आयद
   तु मन्शीन मुन्तज़िर बर दर कि आन ख़ाने दो दर दारद

5. बे हर दीगी कि मी जूशद म-यावर कासे ओ म-न्शीन
   कि हर दीगी कि मी जूशद दरून चीज़ी दिगर दारद

6. न हर किल्की शकर दारद न हर ज़ीरी ज़बर दारद
   न हर चश्मी नज़र दारद न हर बह्री गुहर दारद

7. बेनाल ऐ बुलबुले दस्तान! अज़ीरा नाले ए मस्तान
   मियाने सख़रे ओ ख़ारा असर दारद असर दारद

8. बेनेह सर गर न मी गुंजी कि अन्दर चश्मे ए सूज़न
   अगर रिश्ते न मी गुंजद अज़् आन बाशद कि सर दारद

21. सत्संगति: कथय किं न करोति[20]

1. ऐ दिल, तू ऐसे किसी के पास बैठ जिसे दिलों की ख़बर हो।
   तू किसी ऐसे पेड़ के पास जा, जिसमें तरो-ताज़ा फूल लगे हों।

2. इन पंसारियों की दुकानों के चारों ओर फ़िज़ूल लोगों की तरह मत भटक।
   तू उसकी दुकान पर बैठ जिसकी दुकान में शक्कर हो, मधु हो।

3. अगर तुम्हारे पास (विवेक रूपी) तराज़ू नहीं हुआ तो इस बाज़ार में तुम्हें कोई भी, कभी भी ठग लेगा।
   खोटा सिक्का सजा बजा कर, कोई भी तुम्हारे पास ले आएगा, और तुम्हें लगेगा—कि ये सोना है।

4. तुमको वह चालाकी से दरवाज़े पर बैठा देगा कि ''बैठो, मैं अभी आया।''
   तुम दरवाज़े पर उसे निहारते मत रह जाना, क्योंकि उसके घर में दो दरवाज़े हैं।

5. हर उबलते हुए कड़ाहे के पास अपनी भीख की कटोरी लेकर न बैठ जाना,
   ज़रूरी नहीं कि हर पकते हुए कड़ाहे में तुम्हारी मनचाही चीज़ ही पक रही हो।

6. हर गन्ने में शक्कर नहीं होता, हर गिरावट के साथ उठान नहीं लगी होती।
   हर आँख के पास नज़र नहीं होती और हर समन्दर में मोती नहीं हुआ करते।

7. पुकार! ऐ सुरीली कोयल पुकार!! क्योंकि प्रेम में डूबी हुई पुकार का असर-पत्थरों पर भी हो जाता है।

8. अगर (प्रेम के राज्य में) तुम्हारा गुज़र नहीं हो पा रहा है तो अपना सर झुका कर प्रवेश करने की कोशिश करो।
   क्योंकि अगर धागे के सिर पर गाँठ हुई तो वह सुई की आँख में नहीं घुस पाता।

---

20. बताओ, सत्संगति क्या नहीं कर देती? (भर्तृहरि)

9. चराग़-स्त ईन दिले बीदार् बे ज़ीरे दामन-श मी दार
अज़् ईन बाद् ओ-हवा बुग्ज़र हवाय-श शूर ओ शर दारद

10. चु तू अज़ बाद बुग्ज़श्ती मुक़ीमे चश्मे ई गश्ती
हरीफ़े हमदमी गश्ती कि आबी बर जिगर दारद

11. चू आब-त बर जिगर बाशद दरख़्ते सब्ज़ रा मानी
कि मीवे नौ दहद दाइम दरूने दिल सफ़र दारद

9. यह जागृत हृदय दिये की तरह होता है। इसे अपने आँचल में छिपाकर रखो। इच्छाओं की हवा से बच कर निकल जाओ। क्योंकि ये हवाएँ इस हृदय में उपद्रव और ख़राबी पैदा कर देती हैं।

10. अगर तुम इस हवा से बच कर निकल गए तो समझो कि जीवन स्रोत के पास तुमने घर बना लिया।
और फिर उस प्रिय के साथ लग गए जिसके हृदय में रस ही रस है।

11. जब तुम्हारा हृदय भी सरस हो जाएगा तो तुम भी उस हरे भरे पेड़ की तरह हो जाओगे—
जो कि हमेशा फल देता है और अपने अन्दर ही अन्दर सफ़र करता रहता है।

22. दीदे ए दिल दीदे

1. आशिक़ शुदे ई ऐ दिल, सौदा-त मुबारक बाद
अज़ जानो मकान रस्ती, आन्जा-त मुबारक बाद

2. अज़ हर दो जहान बुग्ज़र, तन्हा ज़न् ओ तनहा ख़्वर
ता मुल्क् ओ मलक गूयन्द "तन्हा-त मुबारक बाद"

3. कुफ़्र-त हमगी दीन शुद तल्ख़-त हमे शीरीन् शुद
हल्वा शुदे ई कुल्ली हल्वा-त मुबारक बाद

4. दर ख़ानक़हे सीने ग़ौग़ा-स्त फ़क़ीरान् रा
ऐ सीने ए बी कीने ग़ौग़ा-त मुबारक बाद

5. ईन् दीदे ए दिल-दीदे अश्की बुदो दर्या शुद
दर्या-श हमी गूयद दर्या-त मुबारक बाद

6. ऐ आशिक़े पिन्हानी आन् यार क़रीन-त बाद
ऐ तालिबे बालाई, बाला-त मुबारक बाद

7. ऐ जाने पसन्दीदे, जूयीदे व कूशीदे
परहा-त बेरूयीदे परहा-त मुबारक बाद

8. ख़ामुश कुनो पिन्हान् कुन बाज़ार निकू कर्दी
काला ए अजब बुर्दी काला-त मुबारक बाद

22. आशिक़ी मुबारक!

1. इश्क़ हो गया है तुम्हें ऐ दिल! तुम्हारा यह जुनून तुम्हारे लिए मुबारक हो। जहाँ (प्रेम के राज्य में) जाकर तुम जानो जहान से छूट गए, वह जगह तुम्हारे लिए मुबारक हो।

2. अब तो तुम दोनों जहान से किनारा कर लो। अकेले ही ढालो–अकेले ही पिओ ताकि इस संसार के आदमी और उस संसार के फ़रिश्ते, दोनों कह उठें–तुम्हारी तनहाई तुम्हारे लिए मुबारक हो।

3. तुम्हारा सारा अधर्म धर्म में बदल गया, तुम्हारी सारी कटुता मधुरता में बदल गई तुम नख से सिख तक हल्वा बन गए हो। यह हल्वा तुम्हें मुबारक हो।

4. दिल के ख़ानक़ाह में फ़क़ीरों का शोरो गुल मचा हुआ है
ऐ मेरे निर्बैर दिल! यह शोरो गुल तुम्हें मुबारक हो।

5. मेरी आँखों ने मेरे दिल को देख लिया है। पहले ये आँखें आँसू थीं अब समन्दर हो गई हैं।
इन आँखों का दरिया तुमसे कहता है कि ये दरिया तुम्हें मुबारक हो।

6. ऐ छिपे हुए आशिक़! तुम्हारा यार तुम्हारे नज़दीक हो जाये।
ऐ ऊँचाई की ख़ाहिश रखने वाले! तुम्हारा क़द तुम्हें मुबारक हो।

7. ऐ मेरे प्रेमास्पद प्राण! तुमने बहुत खोज की, बहुत मेहनत की।
अब तुम्हारे पंख उग आए हैं। ये पंख तुम्हें मुबारक हों।

8. अब चुप भी हो जाओ, अब बन्द भी करो। प्रेम के बाज़ार में तुमने लाभ ही लाभ कमाये।
अद्भुत चीज़ें ख़रीद लीं तुमने। तुम्हारी ख़रीद तुम्हें मुबारक हो।

23. आबे हयाते इश्क़

1. आबे हयाते इश्क़ रा दर रगे मन रवाने कुन
आइने ए सबूह रा तर्जुमे ए शबाने कुन

2. ऐ पिदरे निशाते नौ! दर रगे जाने मा बोरौ
जामे फ़लकनुमाय् शौ, व,ज़ दो जहान् कराने कुन

3. ऐ! ख़िरद-म शिकारे तू! तीर ज़दन शुआरे तू
शस्ते दिल-म बे दस्त कुन जाने मरा निशाने कुन

4. गर अससे ख़िरद तो रा मन्अ कुनद अज़् ईन रविश
हीले कुनो अज़ू बिजह दफ़्अ देह-श, बहाने कुन

5. ऐ कि ज़े ला,बे अख़्तरान् मात् ओ पयादे गश्ते ई
अस्ब गुज़ीन्, फ़ुरूज़ रुख़ जानिबे शह दवाने कुन

6. ख़ीज़, कुलाहे कज़ बिनेह, व,ज़ हमे दाम-हा बेजेह
बर रुख़े रूह बूसे देह ज़ुल्फ़े निशात शाने कुन

7. चून्कि ख़याले ख़ूबे ऊ ख़ाने गिरिफ़्त दर दिल-त
चून तू ख़याल गश्ते ई दर दिलो अक़्ल ख़ाने कुन

23. आत्मा के गाल पर चुम्बन

1. प्रेम के अमृत को हमारी नसों में प्रवाहित करो,
   जो रात में बीती, सुबह के शराब के आइने को उसका अनुवादक बनाओ।

2. तुम हमारे इस नए आनन्द के जनक हो, हमारी आत्मा की धमनियों में बहो। तुम वह जाम बन जाओ जिसमें सारे आसमान दिखाई पड़ने लगें और फिर दोनों जहान से किनारा कर लो।

3. तुम्हारी तीर चलाने की आदत ने मेरी बुद्धि को अपना शिकार बना लिया है। मेरे दिल का कमान अपने हाथों में लो और मेरी आत्मा को भी अपना निशाना बना डालो।

4. अगर तुम्हारा अक़्ल पहरेदार की तरह तुम्हें ऐसा करने से रोकता है,
   तो कोई भी बहाना करके, किसी भी तरीक़े से, या तो उससे भाग जाओ या उसे भगा दो।

5. तुम सितारों के उलझाऊ खेल में हार कर पैदल हो गए हो।
   अब अपना घोड़ा ख़ुद चुनो और चमकते हुए चेहरे के साथ शह (प्रिय) की ओर दौड़ पड़ो

6. उठ जाओ, अपनी तिरछी टोपी पहन लो और सभी बन्धनों से छलांग लगा लो।
   आत्मा के गालों पर चुम्बन जड़ दो और आनन्द के बालों में कंघी करो।

7. उस प्रिय के हसीन ख़यालों ने अगर तुम्हारे दिल में घर बना लिया है
   तो तुम भी ख़याल की तरह होकर (उसके) दिल और अक़्ल में घर बना लो।

8. शश जिहत-स्त ईन् वतन क़िब्ले दर् ऊ यकी मजू
बी-वतनी,स्त क़िब्ला-गह, दर अदम् आशियाने कुन

9. कुहने गर,स्त ईन् ज़मान् उम्रे-अबद म-जू दर् आन
मरतए उम्रे ख़ुल्द रा ख़ारिजे ई ज़माने कुन

10. हस्त ज़बान् बिरूने दर, हल्क़ा-ए-दर चि मी शवी
दर बिशिकन् बे जाने तू सू-ए-रवान रवाने कुन

8. तुम्हारा घर छहों दिशाओं में है। तुम किसी एक दिशा में क़िब्ला (प्रार्थना की दिशा) मत खोजो।
तुम्हारा क़िब्ला बे–वतनी है। अपना घर अनस्तित्व में बसाओ।

9. काल का काम ही है बूढ़ा बनाना। इसलिए अनन्त जीवन की इच्छा मत रखो। स्वर्ग के हरे भरे निरन्तर जीवन को इसी क्षण पर न्यौछावर कर दो।

10. भाषा दरवाज़े से बाहर की वस्तु है। तुम दरवाज़े की कुंडी क्यों बन रहे हो? जान भर जोर लगा कर दरवाज़ा तोड़ डालो और आत्मा की ओर दौड़ पड़ो।

24. मन् ओ ऊ

1. गुफ़्ता कि कीस्त बर दर? गुफ़्तम-कमीन् ग़ुलाम-त
   गुफ़्ता-चे कार दारी? गुफ़्तम-महा! सलाम-त

2. गुफ़्ता-के चन्द रानी? गुफ़्तम-के ता बेख़्वानी
   गुफ़्ता-के चन्द जूशी? गुफ़्तम-के ता क़यामत

3. दावा ए इश्क़ करदम सौगन्द-हा बेख़ुर्दम
   क,ज़ इश्क़ यावे करदम मन मुल्कत् ओ शहामत

4. गुफ़्ता- बराये दा,वा क़ाज़ी गवाह ख़ाहद
   गुफ़्तम- गवाह अश्क-म, ज़र्दी ए रुख़ अलामत

5. गुफ़्ता-गवाह जरह-स्त तर दामन-स्त चश्म-त
   गुफ़्तम-बफ़र्रे अद्ल-त अद्ल,न्दो बीग़रामत

6. गुफ़्ता-चे अज़्म दारी? गुफ़्तम-वफ़ा व यारी
   गुफ़्ता-ज़े मन चे ख़ाही? गुफ़्तम कि लुत़्फ़े आम-त

7. गुफ़्ता-के बूद हमरह? गुफ़्तम-ख़ियाल-त ऐ शह
   गुफ़्ता-के ख़ान्द-त् ईन् जा? गुफ़्तम-कि बूए जाम-त

8. ख़ामूश! गर बजूयम मन नुक़्ताहा ए ऊ रा
   अज़ ख़ीशतन बर् आई नै दर बुवद न बाम-त

24. सहृदय हृदय संवाद

1. उसने पूछा—कौन है दरवाज़े पर ? मैंने कहा—मैं, तुम्हारा तुच्छ ग़ुलाम।
   उसने पूछा—क्या काम है तुम्हें ? मैंने कहा—हे प्रिय, बस तुम्हें सलाम करना है।

2. उसने पूछा—कब तक ऐसे आते रहोगे ? मैंने कहा—जब तक तुम बुलाते रहोगे।
   उसने पूछा—कब तक ऐसे उबलते रहोगे ? मैंने कहा—क़यामत तक।

3. मैंने उसके सामने अपने आशिक़ होने के दावे किए और उसके लिए क़समें खायीं,
   मैंने उससे कहा कि मैंने तुम्हारे प्रेम में मुल्क और जवाँमर्दी सब गवाँ दी।

4. उसने कहा—दावे को पुष्ट करने के लिए क़ाज़ी (न्यायाधीश) को गवाह की ज़रूरत होती है।
   मैंने जवाब दिया—मेरे आँसू गवाह हैं और मेरा पीला पड़ा चेहरा प्रेम की निशानी है।

5. उसने प्रतिवाद किया तुम्हारा गवाह झूठा है क्योंकि ख़ुद उसका दामन तर है।*
   मैंने कहा—तुम्हारे उदार न्याय के कारण ये सारे गवाह सच्चे और विश्वास योग्य हैं।

6. उसने पूछा—तुम्हारी क्या नीयत है ? मैंने कहा—तुम्हारे प्रेम और मित्रता की इच्छा।
   उसने पूछा—मुझसे क्या चाहते हो ? मैंने कहा—मैं तुम्हारी वही कृपा चाहता हूँ जो सर्वसाधारण पर बरसती है।

7. उसने पूछा—तुम किसके साथ आए हो ? मैंने कहा—ऐ शाहंशाह, मेरे साथ बस आपका ख़याल था।
   उसने पूछा—तुम्हें यहाँ किसने बुलाया ? मैंने कहा—तुम्हारे जाम की ख़ुशबू ने।

8. (ऐ सुनने वाले!) चुप रहो, अधिक मत पूछो। क्योंकि मैं अगर उसके रहस्यों को बताने लग जाऊँ—
   तो तुम भी अपने आप से हाथ धो बैठोगे। न तो तुम्हारे पास तुम्हारा दरवाज़ा बचेगा और न ही छत।

* दामन का तर होना शराबी होने की ओर संकेत करता है, जो गवाह नहीं बन सकता।

25. चुनीन् ओ चुनान्

1. मन अज़ आलम तु-रा तनहा गुज़ीनम्
रवादारी के मन ग़मगीन् नशीनम् ?

2. दिले मन चून् क़लम अन्दर कफ़े तू,स्त
ज़े तू,स्त् अर शादमान् ओ गर हज़ीनम्

3. बजुज़ आन्-चे* तू ख़ाही मन चे ख़ाहम् ?
बजुज़ आन्-चे* नुमाई मन चे बीनम ?

4. गह् अज़ मन ख़ार रूयानी गही गुल
गही गुल बूयम् ओ गह् ख़ार चीनम्

5. मरा गर तू चुनान् दारी चुनानम्।
मरा गर तू चुनीन् ख़ाही चुनीनम्॥

6. चु तू पिन्हान् शवी अज़ अह्ले कुफ़्रम्।
चु तू पैदा शवी अज़ अह्ले दीनम्॥

7. बजुज़ चीज़ी कि दादी मन चे दारम्।
चे मी जूई ज़े जीबो आस्तीनम्॥

---

* यहाँ चे का उच्चारण दीर्घ किया जाएगा।

25. मत्प्राणनाथस्तु स एव नापरः[21]

1. सारी दुनिया से मैंने केवल तुझ एक को चुना है।
   इस पर भी, क्या तुमको यह अच्छा लगेगा कि मैं दुःखी होकर बैठूँ?

2. मेरा दिल तुम्हारी हथेली में ऐसे ही है, जैसे लिखने वाले हाथ में क़लम,
   अगर मैं ख़ुश होऊँ या दुखी होऊँ सबमें बस तुम्हीं कारण हो।

3. जो चीज़ तुम नहीं चाहते, मैं उसे कैसे चाह सकता हूँ?
   जिस चीज़ को तुम न दिखाओ, उसे मैं कैसे देख सकता हूँ?

4. कभी तो तुम मुझसे काँटे उगवाते हो और कभी फूल खिलाते हो,
   लिहाज़ा, कभी मुझे फूल सूँघना होता है और कभी काँटा चुनना होता है।

5. मुझे अगर तुम वैसे रखो तो मैं वैसा रहूँगा,
   मुझे अगर तुम ऐसे रखो तो मैं ऐसा रहूँगा।

6. अगर तुम मुझसे छिप जाओ तो मैं काफ़िर हो जाता हूँ,
   अगर तुम मुझ पर प्रकट हो जाओ तो मैं धार्मिक हो जाता हूँ।

7. तुमने जो चीज़ें मुझे दी हैं उनके अलावा मेरे पास और है ही क्या?
   आख़िर तुम मेरे जेब और आस्तीन की तलाशी क्या ले रहे हो?

---

21. मेरे प्राणों का स्वामी तो वही है और दूसरा नहीं (महाप्रभु चैतन्य, शिक्षाष्टक)

26. रूज़ो-शब

1. दर हवाय-त बीक़रार-म रूज़ो-शब
   सर ज़ पाय-त बर नदारम रूज़ो-शब

2. रूज़ो-शब रा हमचू ख़ुद मजनून कुनम
   रूज़ो-शब रा कै गुज़ारम रूज़ो-शब

3. जानो-दिल अज़ आशिक़ान् मी ख़ास्तन्द
   जानो-दिल रा मी सिपारम रूज़ो-शब

4. ता कि इश्क़-त मुतरिबी आग़ाज़ कर्द
   गाह चंग-म गाह तार-म रूज़ो-शब

5. मी ज़नी तू ज़ख़्मे ओ बर मी रवद
   ता ब गर्दून ज़ीरो-ज़ार-म रूज़ो-शब

6. ता बेनग्शाई बे क़न्द-त रूज़े-अम
   ता क़यामत रूज़े दारम रूज़ो-शब

7. चून् ज़ ख़ाने फ़ज़्ल रूज़े बिश्कनम
   ईद बाशद रूज़गार-म रूज़ो-शब

8. जाने रूज़ो जाने शब ऐ जाने तो!
   इन्तिज़ार-म इन्तिज़ार-म रूज़ो-शब

9. ज़्,आन् शबी के वा,दे कर्दी रूज़ बा,द
   रूज़े-शब रा मी शुमारम रूज़ो शब

26. रात-दिन

1. तुम्हारे लोभ में व्याकुल हूँ मैं, रात-दिन!
   अपने सर को तुम्हारे पैरों से उठा नहीं पाता हूँ मैं, न रात-न दिन।

2. मैंने रात और दिन को अपनी तरह मजनूँ बना लिया है।
   अब बताओ ऐसे रात और दिन मैं कैसे गुज़ारूँ? रात-दिन।

3. माशूक़ आशिक़ों से जान और दिल चाह रहे थे,
   इसलिए मैं उन पर अपने जान और दिल निसार करता हूँ, रात-दिन।

4. जबसे तुम्हारे प्रेम ने संगीत शुरू किया है,
   तबसे मैं कभी चंग हो जाता हूँ तो कभी तार हो जाता हूँ, रात-दिन।

5. तू मिज़राब लगाता है, और उठ जाते हैं—
   आसमान तक मेरे आहो-पुकार, रात-दिन।

6. जब तक तू अपने क़न्द जैसे लबों को चखाकर मेरा रोज़ा न खोल दे,
   तब तक क़यामत के रोज़ तक मैं रोज़ा ही रखूँगा, रात-दिन।

7. जब मैं तुम्हारी रहम के दस्तरख़ान पर अपना रोज़ा तोड़ सकूंगा,
   तब से मेरे दिन और रात रात-दिन ईद बन जायेंगे।

8. दिन की, रात की, और तुम्हारे प्राणों की क़सम,
   मेरा पूरा अस्तित्व इन्तज़ार बन गया है रात-दिन।

9. जिस रात तुमने दूसरे दिन के लिए वायदा किया था,
   उसी रात से मैं दिन रात गिन रहा हूँ, रात-दिन।

27. चून् ग़र्क़े बीचून्

1. चि दानिस्तम कि इन् सौदा, मरा ज़्,ईन्सान् कुनद् मज्नून्
   दिलम रा दूज़ख़ी साज़द, दु-चश्मम रा कुनद् जैहून्

2. चे दानिश्तम के सैलाबी, मरा नागाह बेरुबायद
   चु कश्ती-अम दर् अन्दाज़द, मियाने क़ुल्जुमे पुरख़ून्

3. ज़नद मौजी बर् आन कश्ती, के तख़्ते तख़्ते बिश्काफ़द
   के हर तख़्ते फ़ुरू रीज़द,. ज़े गर्दिश-हा ए गूनागून

4. निहंगी हम बर् आरद सर, ख़ुरद आन आबे दर्या रा
   चुना,न दर्या ए बीपायान, शवद बी आब चून हामून्।

5. शिकाफ़द नीज़ आन् हामून निहंगे बह्र-फ़रसा रा
   कशद् दर् कार नागाहान्, बे दस्ते क़ह्र चून क़ारून्॥

6. चू ईन् तब्दील हा आमद्, न हामून् मान्दो नै दर्या।
   चे दानम् मन् दिगर् चुन् शुद् ? के चून्, ग़र्क् अस्त दर् बी चून्॥

7. चे दानम-हा ए बिस्यार् अस्त, लीकिन मन न मी दानम्।
   के ख़ुर्दम अज़ दहान-बन्दी, दर् आन् दर्या कफ़ी अफ़्यून्॥

27. यज्ज्ञात्वा मत्तो भवति[22]

1. मुझे क्या पता था कि इश्क़ का यह फ़ितूर मुझे इस तरह से पागल बना देगा ? यह मेरे दिल को जहन्नम कर देगा और मेरी दोनों आँखों को जैहून सी नदी बना देगा।

2. मैं क्या जानता था कि एक सैलाब मुझे इस तरह अचानक झटक ले जाएगी, और मुझे ख़ून के समन्दर के बीच एक नाव की तरह डुबा देगी।

3. उस नाव पर भी कोई ऐसी लहर हमला करेगी कि उसका एक-एक पटरा अलग-अलग हो जाएगा।
और किस्म किस्म के भँवर में पड़ कर उसका हर एक पटरा पानी में धँस जाएगा।

4. और फिर एक मगरमच्छ सर उठाएगा जो उस समन्दर के सारे पानी को पी जाएगा और, वैसा असीम समन्दर रेगिस्तान की भाँति जलरहित हो उठेगा।

5. वह रेगिस्तान उस समुद्र को मथ देने वाले मगर को भी फाड़ डालेगा।
और उसे अपने ख़तरनाक हाथों से क़ारून[23] की तरह खाई में घसीट ले जाएगा

6. इन परिवर्तनों के हो जाने के बाद, न तो रेगिस्तान बाक़ी बचा होगा न ही समन्दर मुझे क्या मालूम कि उसके बाद क्या हुआ होगा ? क्योंकि उस समय सारे प्रश्न, प्रश्नहीनता में विलीन हो चुके होंगे।

7. कितनी सूचनाएँ हैं मेरे पास, लेकिन फिर भी मुझे कुछ नहीं मालूम
क्योंकि मैंने उस समुद्र से मुट्ठी भर मौन का अफ़ीम खा लिया है।

---

22. नारदभक्तिसूत्र 6 (जिसे जानकर मनुष्य आनन्द से मत्त हो जाता है।)

23. क़ारून एक लोभी राजा था जो अपने ख़ज़ाने के साथ धँस गया।

28. चश्मे ए हयात

1. न गुफ़्तम-त मरव् आन् जा के आशना-त मनम्?
दर् ईन सराबे फ़ना चश्मे ए हयात मनम्

2. व,गर बे ख़श्म रवी सद् हिज़ार साल ज़े मन्
बे आक़िबत बे मन् आई के मुन्तहा-त मनम्

3. न गुफ़्तम-त कि ब नक़्शे जहान् मशौ राज़ी
के नक़्शबन्दे सरापर्दे ए रज़ा-त मनम्

4. न गुफ़्तम-त कि मनम् बह्र ओ तू यकी माही
म-रौ बे ख़ुश्क कि दर्या ए बा-सफ़ात मनम्

5. न गुफ़्तम-त के चू मुर्ग़ान् बे सूये दाम मरौ
बिया के क़ुदरते परवाज़् ओ पर्रो पा-त मनम्

6. न गुफ़्तम-त के तुरा रह ज़नन्दो सर्द कुनन्द
कि आतिश् ओ तबिश् ओ गर्मी ए हवा-त मनम्

7. न गुफ़्तम-त कि सिफ़त-हा ए ज़िश्त दर तु नहन्द
कि गुम कुनी कि सरे चश्मे ए सिफ़ात मनम्

28. दुर्लभ बन्धु

1. मैंने तुमसे कहा नहीं था कि उस (दुनिया) की ओर मत जाना, क्योंकि तुम्हारा असली बन्धु मैं ही हूँ?
   यह जो विनाश की मृगतृष्णा है, उसमें अमृत का स्रोत मैं ही हूँ।

2. अगर मुझसे ग़ुस्सा होकर तुम सौ हज़ार बरस तक दूर भी क्यों न चले जाओ—
   लेकिन अन्ततः तुम मेरे पास ही आओगे, क्योंकि तुम्हारा प्राप्तव्य मैं ही हूँ।

3. मैंने तुमसे कहा था न, कि इस दुनिया के नक़्शो-निगार से सन्तुष्ट मत हो जाना?—
   क्योंकि तुम्हारी सन्तुष्टियों के राजमहल का नक़्क़ाश तो मैं ही हूँ।

4. तुमसे मैंने बताया नहीं था कि मैं समुद्र हूँ और तुम एक मछली की तरह हो?
   तुम सूखी ज़मीन की ओर मत भटक जाना, क्योंकि तुम्हारी अनुकूलता का स्थान केवल मैं ही हूँ।

5. नहीं बताया था मैंने तुम्हें कि पंछियों की तरह जाल की ओर मत जाना?
   मेरी ओर चले आना। क्योंकि तुम्हारे उड़ने की शक्ति, तुम्हारे पंख और पाँव सब मैं ही हूँ।

6. मैंने तुमको आगाह नहीं कर दिया था कि वे लोग तुम्हें लूट लेंगे और तुम्हें जड़ कर देंगे?
   तुम्हारे अन्दर की आग और तुम्हारी प्रवृत्ति की सक्रियता तो सिर्फ़ मैं हूँ।

7. मैंने नहीं कह दिया था कि वे लोग तुम में दुर्गुण भर देंगे?
   और तुम यह बात भूल जाओगे कि सद्गुणों का मूल स्रोत मैं (तुम) ही हूँ।

8. न गुफ़्तम-त के मगू कारे बन्दे अज़् चे जिहत
निज़ाम गीरद, ख़ल्लाक़े बी जिहात मनम्॥

9. अगर चिराग़दिली दान् के राहे ख़ाने कुजा-स्त।
व,गर ख़ुदा सिफ़ती दान् के कदख़ुदा-त मनम्॥

8. यह प्रश्न मत उठाओ कि तुम्हारा काम बिना पर्याप्त साधनों के—
कैसे सम्भव होगा, क्योंकि मैं वह स्रष्टा हूँ जो बिना सामग्री के सृष्टि कर देता हूँ।

9. अगर तुम असल में रौशनदिल हो तो पता लगाओ कि तुम्हारे घर का रास्ता किधर से है—
और अगर तुम ईश्वरीय गुणों से सम्पन्न हो तो समझ जाओ कि घर का मालिक कौन है।

29. दीवाने शौ दीवाने शौ

1. हीलत रिहा कुन् आशिक़ान्, दीवाने शौ दीवाने शौ
   व,न्दर दिले आतश दर् आन्, परवाने शौ परवाने शौ

2. हम ख़ीश रा बीगाने कुन, हम् ख़ाने रा वीराने कुन
   व्,आन्-गह बिआ बा आशिक़ान्, हमख़ाने शौ हमख़ाने शौ

3. रौ, सीने रा चुन् सीने-हा, हफ़्त् आब शू अज़् कीने-हा
   व,आन्-गह शराबे इश्क़ रा, पैमाने शौ पैमाने शौ

4. बायद के जुम्ले जान् शवी, ता लायक़े जानान् शवी
   गर् सूए मस्तान् मी रवी, मस्ताने शौ मस्ताने शौ

5. आन् गूशवारे शाहिदान्, हम सोह्बते आरिज़ शुदे
   आन् गूश् ओ आरिज़ बायद-त, दुर्दाने शौ दुर्दाने शौ

6. चुन जाने तू शुद दर हवा, ज,फ़्साने ए शीरीने मा
   फ़ानी शव् ओ चून् आशिक़ान, अफ़्साने शौ अफ़्साने शौ

7. अन्दीशे-अत जायी रवद्, व्,आन्-गह तु-रा आन् जा कशद्
   ज्,अन्दीशे बुग्ज़र् चून् क़ज़ा, पीशाने शौ पीशाने शौ

29. दीवाने हो जाओ, दीवाने हो जाओ

1. ऐ आशिक़ो, ये बहानेबाज़ियाँ छोड़ो। इश्क़ में दीवाने हो जाओ, सौदाई हो जाओ। फिर आग से धधकते दिल के अन्दर आकर परवाने बन जाओ, परवाने हो जाओ।

2. ख़ुद को सबसे बेगाना बना लो और अपने घर को वीराना बना लो। उसके बाद आशिक़ों के साथ आओ, और उनके साथ वहीं रहने लगो जहाँ वे रहते हैं।

3. चलो, अपने हृदय को स्फटिक के दर्पण की तरह सात पानी से धोकर दुर्विचार रहित कर लो। और फिर तुम स्वयं प्रेम की मदिरा के लिए पैमाना बन जाओ, पात्रता प्राप्त कर लो।

4. अगर तुम जानाँ (प्रिय) के योग्य होना चाहते हो तो यह ज़रूरी है कि नख से सिख तक जान बन जाओ। अगर मस्तों के पास जाना चाहते हो तो मस्त होकर ही जाओ।

5. ज़रा प्रियाओं के कर्णाभूषणों को देखो, जिन्हें उनके गालों की दुर्लभ संगति नसीब हुई है। अगर तुम्हें भी वे कान और वे गाल चाहिए हों तो तुम अभिजात मोती हो जाओ।

6. अगर हमारी इन मधुर बातों से तुम्हारा हृदय हवाओं में उड़ने लगा हो तो— आओ, आशिक़ों की तरह फ़ना हो जाओ। हक़ीक़त की तरह अकड़ कर मत रहो, अफ़साने बन जाओ।

7. तुम्हारा ख़याल जिस किसी जगह जाता है, वहीं तुमको खींचे लिये जाता है। क़िस्मत की तरह ख़याल की गिरफ़्त से छूट जाओ। तुम ख़याल के आगे आगे चलो, पीछे नहीं।

8. क़ुफ़्ली बुवद मैल् ओ हवा, बिन्हादे बर् दिल-हा ए मा
मिफ़्ताह शौ मिफ़्ताह रा, दन्दाने शौ दन्दाने शौ

9. गर् चेहे बेन्मायद् सनम, पुर शौ ज़ ऊ चुन् आइने
व,र् ज़ुल्फ़ बुग्शायद् सनम्, रौ शाने शौ रौ शाने शौ

10. शुक्राने दादी इश्क़ रा, अज़् तुह्फ़े-हा ओ माल-हा
हिल् माल रा, ख़ुद् रा बेदेह, शुक्राने शौ शुक्राने शौ

11. यक मुद्दती अर्कान बुदी, यक मुद्दती हैवान बुदी
यक मुद्दती चून जान शुदी, जानाने शौ जानाने शौ॥

8. इच्छाएँ–वासनाएँ उन तालों की तरह होती हैं जिन्हें हमारे दिलों पर जड़ दिया गया होता है।
उनको खोल फेंकने के लिए तुम चाबी बन जाओ और उस चाबी के दाँत बन जाओ।

9. अगर प्रिय तुम्हें अपना मुखड़ा दिखाए तो तुम उस प्रिय से वैसे ही लबालब भर जाओ जैसे दर्पण प्रतिबिम्ब से भर जाता है।
और अगर कहीं उसने अपने ज़ुल्फ़ भी खोल दिये तो तुम उन्हें सहारा देने लिए कन्धा बन जाओ।

10. प्रेम के लिए तुमने बहुत सारी भेंटें और माल निछावर के रूप में दी होंगी। अब माल से काम नहीं चलेगा। अब तुम खुद ही प्रेम पर समर्पित हो जाओ, स्वयं निछावर हो जाओ।

11. एक समय था जब तुम पञ्च महाभूत थे, किसी समय तुम जीवधारी बने। इस क्षण जबकि तुम मूर्त प्राण बन गए हो तो अब प्रेमास्पद बन जाओ— प्रेमास्पद बन जाओ।

30. दूश कुजा बूदे ई

1. जानो जहान्, दूश कुजा बूदे ई ?
   नै ग़लत-म, दर दिले मा बूदे ई

2. आह ! कि मन दूश चेसान् बूदे अम
   आह ! कि तू दूश केरा बूदे ई

3. रश्क बरम काश क़बा बूदमी
   चून् कि दर् आग़ूशे क़बा बूदे ई

4. ज़ुहे नदारम कि बेगूयम तु-रा
   बी मने बीचारे चेरा बूदे ई

5. यारे सबुकरूह, बे वक़्ते गुरीज़
   तीज़तर् अज़ बादे सबा बूदे ई

6. रंगे रुख़े ख़ूबे तो आख़िर गुवा-स्त
   दर हरमे लुत्फ़े ख़ुदा बूदे ई

7. आइने ए रंगे तो अक्से कसी-स्त
   तू ज़ हमे रंग जुदा बूदे ई

30. केकरे संग रैन बसेरी ?[24]

1. ऐ मेरे प्राण, मेरे संसार, मेरे महबूब, कल रात तुम कहाँ रहे?
अरे नहीं, मेरा प्रश्न ग़लत है। कल तो तुम हमारे ही दिल में थे।

2. आह, कल मैं रात भर किस हालत में रहा हूँ।
आह, कल रात भर तुम किसके होकर रह गए थे।

3. मुझे ईर्ष्या होती है उससे, काश! मैं तुम्हारी पोशाक होता।
क्योंकि कल रात तुम अपनी पोशाक के आग़ोश में रहे।

4. मेरी हिम्मत ही नहीं पड़ रही कि मैं तुमसे पूछ सकूँ—
कि कल रात तुम मुझ बेचारे से बिछड़ कर क्यों रहे?

5. ऐ मेरे सुबुकरूह[25] माशूक़, मुझसे बच कर निकलते समय
तुम सुबह की हवा से भी तेज़तर हो जाते हो।

6. तुम्हारे चेहरे का अद्‌भुत रंग सच्ची गवाही दे रहा है कि
तुम ईश्वरीय कृपा के घेरे में थे।

7. तुम्हारे आइने में किसी ख़ास का रंग प्रतिबिम्बित हो रहा है—
क्योंकि तुम्हारा रंग और सभी रंगों से अलग है।

---

24. किसके साथ रात बिताई (एक भोजपुरी फाग—चौताल की शुरुआती पंक्ति।)
25. हल्का और तेज़ चलने वाला।

31. शीरीन्ज़क़न-म्

1. तल्ख़ी न कुनद शीरीन्-ज़क़न-म
ख़ाली न कुनद अज़ मै दहन-म

2. दर ख़ाने जहद, मुह्लत न दहद
ऊ बस न कुनद, पस मन चे कुनम

3. अज़ साग़रे ऊ गीज-स्त सर-म
अज़ दीदने ऊ जान-स्त तन-म

4. तंग-स्त बर् ऊ हर हफ़्त फ़लक
चून् मी रवद् ऊ दर पैरहन-म

5. अज़ शीरे ए ऊ, मन शीरदिल-म
दर अर्बदे-अश शीरीन्-सुखन-म

6. मी गुफ़्त कि तू दर चंगे मनी
मन साख़्तम-त, चून-त नज़नम

7. मन चंगे तो-अम् बर हर रगे मन
तू ज़ख़्मे ज़नी मन तन-तन-न-म

31. मीठी ठुड्डियों वाला यार

1. मेरा मीठी ठुड्डियों वाला यार मेरे साथ कभी भी कड़वा नहीं होता।
   वह मेरे मुँह को कभी भी अपनी मधुर शराब से खाली ही नहीं होने देता।

2. वह मेरे घर में कूद पड़ता है, मुझे थोड़ी भी मुहलत नहीं देता।
   वह बस ही नहीं करता, मैं भी करूँ तो क्या करूँ।

3. उसके प्याले से मेरे सर में ख़ुमार है।
   उसके दर्शन से मेरा (अन्नमय) शरीर प्राणमय हो गया है।

4. वो, जिसके लिए सातों आसमान छोटे पड़ जाते हैं,
   अजब बात है! मेरे कपड़ों में कैसे समा गया है?

5. शीरे से बनी उसके शराब से मेरा दिल शेर जैसा हो गया है।
   अब जब भी वह मुझसे टकराता है तो मैं उससे मधुर वचनों के अलावा कुछ भी नहीं कह पाता हूँ।

6. वह मुझसे कह रहा था कि तू अब मेरे चंगुल में है,
   मैंने तुमको बनाया है, मैं ही तुम्हें मिटा क्यों न डालूँ?

7. (मैं कहता हूँ—) मैं तो तुम्हारा चंग हूँ। मेरे रग रग पर—
   जब तू अपने मिज़राब लगाता है, तो मैं तन-तननन हो जाता हूँ।

32. जाम चू गुलनार

1. साक़ी ए फ़र्रुखरुख़े मन! जाम चू गुलनार बेदेह
   बह्रे मन् अर मी न देही बह्रे दिले यार बेदेह

2. साक़ी ए दिलदार तु-ई चारे ए बीमार तु-ई
   शर्बते शादी व शिफ़ा ज़ूद बे बीमार बेदेह

3. बादे दर् आन् जाम फ़िकन् गर्दने अन्दीशे शिकन
   हीन् दिले मा-रा म-शिकन, ऐ दिलो दिलदार! बेदेह

4. बाज़ कुन् आन् मैकदे रा, तर्क कुन् ईन अर्बदे रा
   आशिक़े तश्ना-ज़दे रा, अज़ ख़ुमे ख़म्मार बेदेह

5. जाने बहारो चमनी रौनक़े सर्वो समनी
   हीन् कि बहाने न कुनी ऐ बुते अय्यार! बेदेह

6. पाय चु दर हीले नेही, व,ज़ कफ़े मस्तान् बेजही
   दुश्मने मा शाद शवद, कूरी ए अग़यार बेदेह

7. ग़म मदेह् ओ आह मदेह, जुज़ बे तरब राह मदेह
   आह ज़ बी-राह बुवद, रह बुग्शा बार बेदेह

8. तश्ने ए दैरीने मन-म गर्मे दिलो सीने मन-म
   जामो क़दह रा बेशिकन बी हदो बिसियार बेदेह

32. चिरन्तन पिपासु

1. ऐ मेरे चमकदार चेहरे वाले साक़ी! मुझे गुलनार के फूलों सा सुर्ख़ जाम अता कर। और, अगर तू जाम मेरी ख़ातिर नहीं देना चाहता तो उस यार के दिल की ख़ातिर दे दे।

2. तू दिलदार साक़ी है, तू ही मुझ बीमार की दवा है।
इस ख़ुशी और आरोग्य के पेय (शराब) को तुरन्त मुझ बीमार को दे दे।

3. इस पियाले में जाम ढाल दे। (बीच में आने वाले) किन्तु-परन्तु की गर्दन तोड़ डाल। ऐ मेरे दिल और मेरे दिलदार, मेरे दिल को न तोड़। मुझे शराब दे दे।

4. उस मैख़ाने का दरवाज़ा खोल दे। इस वाद-विवाद को त्याग दे।
प्यास के मारे हुए इस आशिक़ को शराब-फ़रोश की मटकी से शराब पिला।

5. ऐ साक़ी! तू बहार और चमन की जान है, तू सर्व[26] और चमेली की रौनक़ है। ऐ चतुर और सुन्दर! मुझे विश्वास है तू मेरे साथ बहाना नहीं करेगा। मुझे शराब तुरन्त दे।

6. ऐ साक़ी! जब तुम अपने पैरों को बहानों में फँसा लेते हो और हम शराबियों के हाथों से बच निकलते हो—
तो हमारे दुश्मन ख़ुश हो जाते हैं। कुछ ऐसा करो कि ये सारे शत्रु दृष्टिहीन हो जाएँ।

7. ऐ साक़ी, तू हमें ग़म न दे, आह न दे। आनन्द के सिवा कोई और राग न छेड़। यह बेराह की पुकार है कि दरवाज़ा खोल दे और हमें रास्ता दे।

8. मैं चिरन्तन पिपासु हूँ। मेरे दिल और सीने में प्यास के शोले भड़क रहे हैं। ऐ साक़ी! जाम और पियाला तोड़ डाल। हमें हद से बाहर और बेपनाह पिला (बिना नापे जोखे)।

---

26. सर्व देवदार की जाति का एक सुन्दर पेड़ होता है जिससे माशूक़ के क़द की उपमा दी जाती है॥

33. बे जाने तो

1. दिगरबारे बेशूरीदम बेदान्सान-म बे जाने तो
   कि हर बन्दी कि बर-बन्दी बेदर्रानम, बे जाने तो

2. न ख़ाहम उम्रे फ़ानी रा तु-ई उम्रे अज़ीज़े मन
   न ख़ाहम जाने पुर ग़म रा तु-ई जान-म बे जाने तो

3. चू तू पिनहान् शवी अज़ मन हमे तारीकी ओ कुफ़्रम
   चू तू पैदा शवी बर मन् मुसलमान-म बे जाने तू

4. गर आबी ख़ुर्दम अज़ कूज़े ख़याले तू दर् ऊ दीदम
   व,गर यक दम ज़दम बी तो, पशीमान-म बे जाने तो

5. अगर बी तू बर् अफ़लाक-म चू अब्रे तीरे ग़मनाक-म
   व,गर बी तू बे गुलज़ार-म बे ज़िन्दान-म बे जाने तो

6. समा ए गूशे मन, नाम-त, समा ए हूशे मन, जाम-त
   इमारत कुन मरा आख़िर, कि वीरान-म बे जाने तो

33. तुम्हारी जान की क़सम

1. फिर से मेरे सर में इश्क़ का फ़ितूर जाग गया, तुम्हारी जान की क़सम, अब मैं ऐसा हो गया हूँ—
   कि तुम मुझे चाहे जिस ज़ंजीर में बाँध लो, मैं उसे तोड़ डालूँगा।

2. मुझे अब इस नश्वर जीवन की इच्छा नहीं है क्योंकि मेरे लिए मेरा जीवन तुम ही हो।
   मैं इस ग़मगीन जान को भी नहीं चाहता हूँ क्योंकि मेरी असली जान तुम्हीं हो, तुम्हारी जान की क़सम।

3. जब तुम मुझसे छिप जाते हो तो मैं सिर्फ़ अन्धेरा और अधर्म बाक़ी रह जाता हूँ और, जब तुम मेरे सामने रहते हो तो मैं मूर्तिमान् धर्म हो जाता हूँ, तुम्हारी जान की क़सम।

4. अगर मैं घड़े से पानी का एक क़तरा भी पिऊँ तो उसमें तुम्हारा ख़याल बना रहता है।
   और, अगर मैं एक साँस भी तुम्हारे बिना ले लूँ, तो तुम्हारी जान की क़सम, मैं शर्मिन्दा हो रहता हूँ।

5. अगर तुम्हारे बिना मैं आसमानों पर भी चला जाऊँ तो काले बादल की तरह ग़मगीन रहता हूँ।
   और, अगर तुम्हारे बिना मैं वाटिका में भी जाऊँ तो, तुम्हारी जान की क़सम, मुझे लगता है कि मैं जेल में हूँ।

6. तुम्हारा नाम मेरे कानों के लिए नृत्य की सामग्री है और तुम्हारा जाम मेरे होश के लिए नृत्य का सामान।
   तुम एक बार फिर मेरी मरम्मत कर दो, तुम्हारी जान की क़सम, मैं वीरान हो गया हूँ।

7. दरूने सौमे ओ मस्जिद तू-ई मक़्सूद,ऐ मुर्शिद
बे हर सू रू बेगर्दानी बेगर्दानम बे जाने तो

8. सुख़न बा इश्क़ मी गूयम्, कि ऊ शीरो मन् आहू-यम
चे आहू-यम कि शीरान् रा निगहबान-म, बे जाने तो

9. चे ख़ीशी कर्द आन बी-चून अजब बा ईन दिले पुर-ख़ून
कि बुब्रीदे-स्त आन ख़ीशी ज़ ख़ीशान-म बे जाने तो

7. ऐ मेरे रहबर, मैं मस्जिद में जाऊँ या ख़ानक़ाह में, तुम्हारी जान की क़सम, मेरा मतलब तुम्हीं से होता है।
तुम्हारा रुख़ जिस तरफ़ भी मुड़े, तुम्हारी जान की क़सम, मैं भी उसी ओर मुड़ जाता हूँ।

8. मैं इश्क़ से बात-चीत करता हूँ। इश्क़ शेर है और मैं हिरन हूँ—
और क्या अद्भुत हिरन हूँ मैं कि शेरों की देखभाल करता हूँ! तुम्हारी जान की क़सम।

9. उस किन्तु-परन्तु से रहित प्रिय ने मेरे इस घायल दिल के साथ क्या अजब अपनापन दिखाया।
जब उसने मेरे सारे अपनों से अपनापन का रिश्ता ही छीन लिया।

34. ख़रूश दर ख़ामोशी

1. जान बे फ़दा ए आशिक़ान् ख़ुश हवसी–स्त आशिक़ी
इश्क़ परस्त ऐ पिसर! बादे हवा–स्त मा बक़ी

2. अज़ मये इश्क़ सरख़ुश–म आतिशे इश्क़ मफ़रश–म
पाय बेनिह दर आतिश–म चन्द अज़् ईन मुनाफ़िक़ी

3. अज़ सु ए चर्ख ता ज़मीन सिलसिले ई–स्त आतशीन
सिलसिले रा बेगीर अगर दर रहे ख़ुद मुहक़्क़िक़ी

4. राहे तो चून् फ़ना बुवद ख़स्म तु रा कुज़ा बुवद
ताक़ते तो के–रा बुवद का,तशे तीज़ मुतलक़ी

5. जाने मरा तो बन्दे कुन ऐशे मरा तो ज़िन्दे कुन
मस्त कुनो बियाफ़रीन बाज़ नुमा ए ख़ालिक़ी

6. यक नफ़सी ख़मूश कुन दर ख़मुशी ख़ुरूश कुन
वक़्ते सुख़न तू ख़ामुशी दर ख़मुशी तू नातिक़ी

34. निःशब्द कलरव

1. प्रेम करने वालों पर मेरी जान न्यौछावर हो जाये! आशिक़ होना जीवन की उत्कृष्टतम इच्छा है।
   ऐ मेरे बेटे! इश्क़ की परस्तिश करो, क्योंकि उसके अलावा जो कुछ भी है, वह वासनाओं की अन्धड़ है।

2. मैं प्रेम की शराब से मस्त हो गया हूँ। प्रेम की ज्वाला ही मेरा आसन बन गयी है। मेरी इस आग में प्रवेश करो। कब तक ये बहाने और पाखंड करते रहोगे?

3. प्रेम की आग्निगर्भ ज़ंजीर आकाश से लेकर ज़मीन तक व्याप्त है।
   अगर तुम अपने रास्ते के अन्वेषक हो तो तुम्हें इस ज़ंजीर को पकड़ लेना होगा।

4. अगर तुम प्रलय मार्ग के पथिक हो तो वहाँ तुम्हें शत्रु से कहाँ भेंट होगी? तुम्हारा सामना करने का सामर्थ्य किसमें होगा? तुम तो बिल्कुल आग की तरह तेज़ हो गए होगे।

5. मेरे प्राणों को अपना दास बना लो, मेरे आनन्दोत्सव को पुनर्जीवित कर दो। मुझे मस्त कर दो। मुझे रच दो। तुम विश्वस्त्रष्टा के प्रतिनिधि हो।

6. एक क्षण के लिए चुप हो जाओ! और मौन की अवस्था में कलरव करो!! जब तुम बोलते हो तो कुछ नहीं कह पाते पर जब चुप रहते हो तब तुम उत्तम वक्ता होते हो।

35. नर्दबाने मग़्फ़िरत

1. हर नक़्श रा के दीदी जिन्स-श ज़े ला मकान-स्त
गर नक़्श रफ़्त ग़म नीस्त अस्ल-श चु जाविदान-स्त

2. हर सूरती कि दीदी हर नुक़्ते के शुनीदी
बद दिल म-शौ कि रफ़्त् आन् ज़ीरा न आन् चुनानस्त

3. चून् अस्ले चश्मे बाक़ी-स्त फ़रअ-श हमीशे साक़ी-स्त
चून् हर दो बी ज़वालन्द अज़ चे तुरा फ़ुग़ानस्त

4. ग़म रा बुरून् कुन्-अज़ सर व् ईन् आबे जू हमी ख़्वर
अज़ फ़ौते आब म,न्दीश् क्,ईन् आब बीकरानस्त

5. ज़्,आन् दम कि आमद-स्ती अन्दर जहाने हस्ती
पीश-त के ता बेरुस्ती बिनहादे नर्दबान-स्त

6. अव्वल जमाद बूदी आख़िर नबात गश्ती
आन् गह शुदी तू हैवान् ईन् बर तू चून् निहान-स्त

35. सिद्धिसोपानपर्व[27]

1. तुम्हें जो भी रचनाएँ दिखाई पड़ती हैं उसकी कारण सामग्री वही सर्वव्यापी परमेश्वर है।
   अगर ये बाहरी वस्तुएँ नष्ट हो जाती हैं तो कष्ट की कोई बात नहीं है, क्योंकि उनका मूल अक्षुण्ण है।

2. हर सूरत जिसको तुमने देखा है, हर बात जो तुमने सुनी है—
   अगर वे ग़ायब हो जाती हैं तो बिल्कुल दुखी मत हो, क्योंकि नाश वास्तविकता नहीं है।

3. अगर जलधारा का मूल स्रोत बचा हुआ है तो उसकी शाखाएँ जल देने में हमेशा समर्थ हैं।
   जब स्रोत और शाखा दोनों नाश रहित हैं, तो फिर तुम्हारे इस विलाप का क्या कारण है?

4. हर तरह की चिन्ता को अपने दिमाग़ से निकाल दो और इस जलधारा का पान करो।
   इस जल के समाप्त होने की आशंका मत रखो, क्योंकि इस जल की कोई सीमा नहीं है।

5. इस अस्तित्वमय संसार में जिस क्षण से तुम आए हुए हो,
   उसी समय से तुम्हारी मुक्ति के लिए एक सीढ़ी लगा दी गई है।

6. (उदाहरण के लिए) पहले तुम पत्थर थे उसके बाद वनस्पति बने,
   फिर तुम जानवर बने, यह बात तुम से छिपी कहाँ है।

---

27. मुक्ति की सीढ़ियों की गाँठें (भर्तृहरि—वाक्यपदीयम्, 116)

7. गश्ती अज़् आन् पस् इन्सान् बा इल्म् ओ अक़्ल् ओ ईमान।
बिन्गार चे गुल शुद् आन् तन कू ज़ुज़्वे ख़ाक़दानस्त॥

8. ज़् इन्सान् चू सैर करदी बीशक फ़रिश्ते गर्दी।
बी ईन् ज़मीन् अज़् आन्.पस जाय-त बर आस्मान-स्त॥

9. बाज़ अज़ फ़रिश्तगी हम बुग्ज़र बोरो दर् आन् यम।
ता क़तरे ए तो बहरी गर्दद कि सद उमान-स्त॥

7. जानवर के बाद तुम वह इंसान बने-जिसके पास ज्ञान, बुद्धि और श्रद्धा सब कुछ होते हैं,
देखो तुम्हारा अस्तित्व जो किसी कूड़ेदान की तरह था, विकसित होकर कितना मनोहर हो गया।

8. इस बार जब तुम इंसान से आगे बढ़ोगे तो निश्चित रूप से देवदूत बन जाओगे। इसके बाद से तुम्हारा मुक़ाम यह ज़मीन नहीं बल्कि आसमान होगा।

9. फिर तुम देवत्व से भी आगे बढ़ना और उस महासमुद्र में विलीन हो जाना। जहाँ जाकर तुम्हारी एक-एक बूँद सौ-सौ नदियों के बराबर हो जाएँ!

36. गुरीज़पा

1. बेगीर दामने लुत्फ़-श कि नागहान् बेगुरीज़द।
   वली म-किश तु चू तीर-श कि अज़ कमान् बेगुरीज़द॥

2. चे नक़्श-हा के बेबाज़द चे हीले-हा कि बेसाज़द।
   बे नक़्श हाज़िर बाशद ज़े राहे जान् बेगुरीज़द॥

3. दर आसमान्-श बेजूई चू मह दर् आब बेताबद।
   दर् आब चून्कि दर् आई बे आस्मान् बेगुरीज़द॥

4. ज़े लामकान्-श बे जूई निशान् देहद बे मकान-त।
   चु दर मकान्-श बे जूई बे लामकान् बेगुरीज़द॥

5. अज़् ईन् ओ आन् बेगुरीज़म ज़े तर्स, नै ज़े मलूली।
   के आन् निगारे लतीफ़-म अज़् ईन् ओ आन् बेगुरीज़द॥

6. गुरेज़े पाये चु बादम ज़े इश्क़े गुल, न गुली के—
   ज़े बीमे बादे ख़ज़ानी ज़े बूस्तान् बेगुरीज़द

7. चुनान् गुरीज़द नाम-श चु क़स्द गुफ़्तन बीनद।
   कि गुफ़्त नीज़ न तानी कि आन् फ़लान् बेगुरीज़द॥

8. चुनान् गुरीज़द अज़ तु कि गर नवीसी नक़्श-श।
   ज़े लौह नक़्श बेपर्रद ज़े दिल निशान् बेगुरीज़द॥

36. दूरि भजत प्रभु पीठि दै[28]

1. उसका प्यारा आंचल पकड़ कर रखना क्योंकि पता नहीं कब वह अचानक भाग चले। पर उसे पकड़ कर तीर की तरह अपनी ओर न खींचना क्योंकि तब तो वह कमान से तीर की तरह भाग जाएगा।

2. कितने सारे बहाने आते हैं उसको कैसे-कैसे नखरे जानता है वह, ज़ाहिरी तौर पर तो वह तुम्हारे पास रहता है लेकिन असली में वह भाग चुका होता है।

3. जब तुम उसे आसमान में ढूँढ़ते हो तो वह चाँद की तरह पानी में चमकने लगता है। और जब तुम उसे पानी में खोजने चलते हो तो वह आसमान में भाग जाता है।

4. जब तुम उसे बेनिशानियों में ढूँढ़ते हो तो वह तुम्हें आकारों में अपना पता देता है। और जब तुम उसे साकार में ढूँढ़ने लगते हो तो वह फिर निराकार में खो जाता है।

5. मैं इहलोक और परलोक दोनों से बचता हूँ। इसका कारण बैराग नहीं है। बल्कि इस राग से बचता हूँ कि वह महबूब इहलोक और परलोक दोनों से परे है।

6. मैं उस गुल के इश्क़ में भागता फिर रहा हूँ जो सदाबहार है, न कि उस गुल की चाह में—
जो पतझड़ की हवा के डर से गुलिस्तान से विदा ले लेता है।

7. उसकी क़सम, जब वह किसी को दर्शनार्थी पाता है तो ऐसे सरपट भागता है— कि तुम इतना भी नहीं कह सकते कि—देखो वह फ़लाँ भाग रहा है।

8. तुमसे वह इस क़दर भाग जाता है कि अगर तुम उसका चित्र बनाने लगो— तो तुम्हारे कैनवास से तुम्हारी रेखाएँ उड़ जाएँ और तुम्हारे दिल से उसके निशान मिट जाएँ।

---

28. ईश्वर (को पकड़ो तो वह) पीठ दिखाकर दूर भाग निकलता है। (बिहारी—सतसई)

37. गिरह बर आब

1. बेरवीद ऐ हरीफ़ान्! बेकशीद यारे मा–रा
   बे मन् आवरीद आख़िर सनमे गुरीज़पा रा

2. बे तराने–हा ए शीरीन् बे बहाने–हा ए ज़र्रीन्
   बेकशीद् सू ए ख़ाने महे ख़ूबे ख़ुश–लक़ा रा

3. व,गर ऊ बे वा,दे गूयद कि–'दमी दिगर बियायम'
   हमे वा,दे मक्र बाशद, बेफ़रीबद् ऊ शुमा रा

4. दमे सख़्त गर्म दारद कि बे जादुई व अफ़सून्
   बेज़नद गिरह बर् आब् ऊ व बेबन्दद् ऊ हवा रा

5. बे मुबारकी व शादी चू निगारे मन दर् आयद
   बेनशीन् नज़ारे मी कुन, तू अजायबे ख़ुदा रा

6. चू जमाले ऊ बेताबद, चे बुवद जमाले ख़ूबान्
   कि रुख़े चू आफ़ताब–श बेकुशद चराग़–हा रा

37. पानी में गाँठ

1. ऐ दोस्तो! जाओ, मेरे महबूब को खींचकर मेरे पास ले आओ,
उस सनम को, जो मुझसे हमेशा भागा-भागा फिरता है।

2. मीठे-मीठे गीत सुना कर, सुनहले बहाने बनाकर,
किसी भी तरह उस चाँद जैसे सुन्दर, प्यारे मुखड़े वाले महबूब को मेरे घर की तरफ़ खींच लाओ।

3. अगर वह न आए और वादा करने लगे कि मैं किसी दूसरे समय आउंगा तो—
उस पर विश्वास मत करना। उसके सारे वादे झूठे होते हैं। वह तुम लोगों को फ़रेब दे रहा होगा।

4. हाँ, और सुनो, उसकी जादू-टोनों पर सख़्त पकड़ है,
वह पानी में भी गाँठ लगा सकता है और हवा को भी बाँध सकता है।

5. अगर वह मा,शूक़ हमारे अहोभाग्य से कभी हमारे घर आया,
तो तुम लोग बैठ कर परमेश्वर की उस अद्‌भुत कृति का दर्शन करना।

6. जब उसके सौन्दर्य का प्रताप प्रकट होता है तो दूसरों की सुन्दरता की क्या बिसात?
उसका सूरज सा चमकता चेहरा दूसरे सारे दियों को बुझा देता है।

38. बी बादे कुनद मस्त

1. आन् कि बी बादे कुनद जाने मरा मस्त कुजा-स्त?
   व्,आन् कि बीरून् कुनद् अज़ जानो दिल-म दस्त कुजा-स्त?

2. व,आन् कि सौगन्द ख़ुरम, जुज़् बे सरे ऊ न ख़ुरम
   व्,आन् कि सौगन्दे मन् ओ तोबे-अम् इश्कस्त कुजा-स्त?

3. व्,आन् कि जान-हा बे सहर ना,रे-ज़नान् अन्द अज़् ऊ
   व्,आन् कि मा-रा ग़म-श अज़ जाय् बेबुर्दे-स्त कुजा-स्त?

4. जाने जान-स्त व,गर जाय् नदारद, चे अजब?
   ईन् कि जा मी तलबद दर दिले मा हस्त, कुजा-स्त?

5. अक़्ल ता मस्त न शुद चून् ओ चेरा पस्त न शुद
   व्,आन् कि ऊ मस्त शुद् अज़ चून् ओ चेरा रस्त, कुजा-स्त?

38. अनासवाख्यं करणं मदस्य[29]

1. वह कहाँ है, जो मेरे प्राणों को बिना शराब के ही मस्त कर देता है?
   वह कहाँ है, जो मुझे अपने जानो-दिल से बेपरवाह कर देता है?

2. जब भी मैं सौगन्ध खाता हूँ तो उसी के सर की सौगन्ध खाता हूँ
   वह, जिसने मेरी सारी क़समें और तौबे तोड़ डाले हैं, वह कहाँ है?

3. वह, जिसके नाते अल् सुबह मेरे तड़पते हुए प्राणों में पुकार उठती है।
   जिसके विरह ने हमारी हालत ख़राब कर रखी है, वह कहाँ है?

4. वह प्राणों का प्राण है, अगर उसका कोई घर नहीं है तो इसमें अजीब बात क्या है?
   असल अजीब तो यह है कि वह बेघर हमारे दिल में घर बनाना चाहता है।

5. जब तक अक़्ल मस्त नहीं होती तब तक किन्तु-परन्तु पस्त नहीं होते,
   वह मर्दाना आदमी कौन है, कहाँ है जो प्रेम में मस्त होकर किन्तु-परन्तु से छूट गया?

---

29. कालिदास—कुमारसम्भवम् 1.13 (बिना शराब के मस्त करने वाला)

39. बी तू बसर न मीशवद

1. बी हमगान् बसर शवद, बी तू बसर न मीशवद
दाग़े तो दारद् ईन् दिल–म् जा ए दिगर न मीशवद

2. दीदे ए अक़्ल मस्ते तू, चर्खे़ ए चर्ख़ पस्ते तू
गूशे तरब बे दस्ते तू, बी तू बसर न मीशवद

3. जान् ज़े तू जूश मी कुनद, दिल ज़े तू नूश मी कुनद
अक़्ल ख़ुरूश मी कुनद, बी तू बसर न मीशवद

4. ख़म्रे मन् ओ ख़ुमारे मन, बाग़े मन् ओ बहारे मन
ख़ाबे मन् ओ क़रारे मन, बी तू बसर न मीशवद

5. जाह् ओ जलाले मन तू–ई, मिल्कत् ओ माले मन तू–ई
आबे जुलाले मन तू–ई, बी तू बसर न मीशवद

6. गाह सू ए वफ़ा रवी गाह सू ए जफ़ा रवी
आने मनी कुज़ा रवी, बी तू बसर न मीशवद

39. येन जातानि जीवन्ति[30]

1. बाक़ी सभी लोगों के बिना गुज़ारा हो सकता है, बस एक तुम्हारे बिना हमारा गुज़ारा नहीं हो सकता।
   इस दिल पर तुम्हारी मुहर लग चुकी है। यह और किसी दूसरी जगह जा ही नहीं सकता।

2. मेरी अक़्ल की आँखें तुमसे मस्त हो चुकी हैं, आसमान का चक्र तुम्हारे सामने झुक चुका है।
   उत्सव का कान तुम्हारे हाथ में है, तुम्हारे बिना गुज़ारा नहीं हो सकता।

3. जब तुम नहीं होते हो तो मेरे प्राण उबलने लगते हैं। तुम्हारे साथ रहने पर मेरा दिल उत्सवमग्न हो जाता है।
   और बुद्धि चिल्लाती रह जाती है, बताओ तुम्हारे बिना गुज़ारा कैसे हो सके।

4. मेरे शराब भी तुम हो और नशा भी तुम्हीं, मेरे बाग़ भी तुम्हीं हो और उस बाग़ की बहार भी तुम।
   मेरी नींद भी तुम्ही हो और क़रार भी तुम। तुम्हारे बिना गुज़ारा नहीं हो सकता।

5. मेरी प्रतिष्ठा और ऐश्वर्य तुम्हीं हो, मेरा स्वामित्व और सम्पदा तुम्हीं हो।
   मेरे लिए पारदर्शी जीवनदायी जल की तरह हो तुम, तुम्हारे बिना गुज़ारा नहीं हो सकता।

6. कभी तो तुम वफ़ा करते हो तो कभी जफ़ा (अत्याचार) पर उतर आते हो।
   तुम मेरा हिस्सा हो, तुम यह कैसा व्यवहार कर रहे हो, तुम्हारे बिना गुज़ारा कैसे हो सकता है।

---

30. तैत्तिरीय उपनिषद् 3.1.1 (सारे प्राणी जिसके नाते जीते हैं)

7. दिल बेनिहन्द बर कनी, तोबे कुनन्द बिश्कनी
ईन हमे ख़ुद तू मी कुनी, बी तू बसर न मीशवद

8. बी तू अगर बसर शुदी, ज़ीरे जहान् ज़बर शुदी
बाग़े इरम सक़र शुदी, बी तू बसर न मीशवद

9. गर तू सरी क़दम शवम, व,र तू कफ़ी अलम शवम
व,र बेरवी अदम शवम्, बी तू बसर न मीशवद

10. बी तू न ज़िन्दगी ख़ुशम, बी तू न मुर्दगी ख़ुशम
सर ज़े ग़मे तू चून् बरम, बी तू बसर न मीशवद

11. हर चे बेगूयम ऐ सनद, नीस्त जुदा ज़े नीको बद
हम तू बेगू बे लुत्फ़े ख़्वद, बी तू बसर न मीशवद

7. जब आशिक़ तुम्हें दिल देते हैं तो तुम उसे लेते नहीं और जब तुमसे तोबा किया जाता है तो तुम उस तोबे को तोड़ देते हो।
ये सारी विरोधी चीज़ें तुम ख़ुद करते हो, बताओ तुम्हारे बिना कैसे जिया जाये।

8. तुम्हारे बिना अगर जीना पड़ जाये तो सारी दुनिया उलट-पलट हो जाये, स्वर्ग की वाटिका नरक-निधान हो जाये, क्योंकि तुम्हारे बिना बसर नहीं हो सकता।

9. अगर तू सर है तो मैं क़दम हूँ, अगर तू हथेली है तो मैं जीत का झण्डा हूँ। अगर तू कहीं चला गया तो मैं नष्ट हो जाऊँगा क्योंकि तुम्हारे बिना जीना नहीं हो सकता।

10. तुम्हारे बिना न तो मैं जीते जी ख़ुश हूँ और न ही मरने पर राज़ी। बताओ तुम्हारी मुहब्बत से मैं दिल को कैसे हटाऊँ जबकि तुम्हारे बिना किसी तरह भी गुज़ारा नहीं हो सकता!

11. हे परम प्रमाण, जो भी मैंने कहा है वह नेक और बद से ख़ाली नहीं है! काश, तू भी कृपावश कह उठे—''तुम्हारे बिना गुज़ारा नहीं हो सकता!''

40. अज़ गूश बसर

1. ऐ दूस्त, शकर ख़ुशतर या आन् कि शकर साज़द
ऐ दूस्त, क़मर ख़ुशतर या आन् कि क़मर साज़द

2. बेगुज़ार शकर-हा रा बेगुज़ार क़मर-हा रा
ऊ चीज़े दिगर दानद, ऊ चीज़े दिगर साज़द

3. दर बह्र अजायब हा, बाशद बेजुज़ अज़ गौहर
अम्मा न चु सुल्तानी कू बह्र ओ दुरर साज़द

4. जान-हा-स्त बर् आशुफ़्ते नाख़ुर्दे व नाख़ुफ़्ते
अज़ बह्रे अजब बज़्मी कू, वक़्ते सहर साज़द

5. बस कर्दम् ओ बस कर्दम, मन तर्के नफ़स कर्दम
ख़ुद गूयद जानानी क,ज़ गूश बसर साज़द

40. कर्णदर्शी

1. ऐ दोस्त, ज़रा ग़ौर करो कि शक्कर ज़्यादा मीठा है या वह कि जिसने शक्कर बनाई है!
इस पर भी ग़ौर करो कि चाँद अधिक सुन्दर है या वह, कि जिसने चाँद को बनाया है!

2. शक्करों का मोह छोड़ दो, चन्द्रमाओं पर आकर्षित न हो!
जिसने उन्हें बनाया है, वह और भी चीज़ें भी जानता है और बनाता है।

3. समन्दर में मोती के अलावा भी बहुत अद्‌भुत चीज़ें होंगी लेकिन—
कोई भी चीज़ उस जैसी अद्‌भुत नहीं होगी जिसने उस समन्दर और उन मोतियों को पैदा किया है।

4. जिस महफ़िल को वह महबूब अलस्सुबह सजाता है, उसके लिए—
कितने ही प्राण बिना खाए और बिना सोये तड़प रहे होते हैं।

5. मैंने सम्भाषण रोक दिया, मैंने बोलने से मना कर दिया। मैं ऐसे चुप हो गया जैसे कि मेरी साँस भी नहीं आ रही है।
अब उस प्रियतम के बोलने की बारी है जो कानों से आँखों का निर्माण करता है।

41. हिले नौमीद नबाशी

1. हिले नौमीद नबाशी कि तुरा यार बेरानद
अगर् इमरूज़ बेरानद न कि फ़र्दा–त बेख़ानद

2. दर् अगर बर तु बेबन्दद, मरव् ओ सब्र कुन् आन् जा
ज़े पसे सब्र तु–रा ऊ ज़े सरे सद्र निशानद

3. व, अगर बर तू बेबन्दद हमे दर–हा व गुज़र–हा
रहे पिन्हान् बे नुमायद् कि कस् आन् राह नदानद

4. हमगी मुल्के सुलैमान् बे यकी मूर बेबख़्शद
बेदहद हर दो जहान् रा व दिली रा न रमानद

5. दिले मन गिर्दे जहान् गश्त् ओ न याबीद मिसाल–श
बे के मानद, बे के मानद, बे के मानद, बे के मानद

6. हिले ख़ामूश, कि बी गुफ़्त अज़् ईन् मै हमगान् रा
बेचशानद, बेचशानद, बेचशानद, बेचशानद

41. धैर्यं न त्याज्यं विधुरेऽपि काले[31]

1. अरे, अगर वह प्रियतम तुम्हें अपने यहाँ से भगा देता है तो नाउमीद न होना।
   अगर उसने आज ठुकराया है तो कल तुम्हें ज़रूर बुला लेगा।

2. अगर तुम्हें देखकर उसने दरवाज़ा बन्द कर लिया है तो भी वहाँ से कहीं जाना मत, वहीं सब्र से रुके रहना।
   तुम्हारे सब्र करने से वह तुम्हें लाकर बड़े-बड़ों (सद्र) के ऊपर बिठा देगा।

3. और अगर उसने तुम्हारे आने-जाने के सभी रास्तों को बन्द कर दिया है, तो भी चिन्ता मत करो!
   वह तुम्हें कोई ऐसा गुप्त रास्ता दिखा देगा जिसकी ख़बर किसी को भी नहीं होगी।

4. वह उदार प्रियतम सुलैमान का लम्बा चौड़ा साम्राज्य एक चींटी को सौंप सकता है।
   तुम्हें भी वह दोनों लोकों का राज्य, दिल में शिकन लाए बिना, उपहार में दे सकता है।

5. मेरे दिल ने पूरे संसार का चक्कर लगाया लेकिन उसकी मिसाल न ला सका।
   जिससे उसकी तुलना हो सके, जिसके बराबर उसको बताया जा सके।

6. सुनो, अब चुप हो जाओ! वह इस प्रेम की शराब को बिना किसी गुफ़्त-गू के।
   सभी को पिला देगा, सभी को चखा देगा, सभी को तृप्त कर देगा।

---

31. कठिन परिस्थितियों में भी धीरज नहीं खोना चाहिए।

42. आबे हयात–स्त इश्क़

1. उम्र कि बी इश्क़ रफ़्त हीच हिसाब–श मगीर
आबे हयात–स्त इश्क़ दर दिल् ओ जान–श पज़ीर

2. हर कि बजुज़ आशिक़ान्, माही ए बी आब दान
मुर्दे व पजमुर्दे अस्त गर्चे बुवद ऊ वज़ीर

3. इश्क़ चु बुगशाद रख़्त सब्ज़ शवद हर दरख़्त
बर्गे जवान् बर दमद हर नफ़स अज़ शाख़े पीर

4. हर कि शवद सैदे इश्क़ कै शवद् ऊ सैदे मर्ग
चून् सिपर–श मह बुवद् कै रसद–श ज़ख़्मे तीर

5. जुम्ले ए जान–हा ए पाक गश्ते असीराने ख़ाक
इश्क़ फ़ुरू रीख़्त ज़र ता बेरहानद असीर

6. ऐ कि बे ज़म्बीले तू हीच कसी नान् न रीख़्त
दर बुने ज़म्बीले ख़ुद हम बेतलब, ऐ फ़क़ीर

7. चुस्त शव् ओ मर्द बाश, हक़ देहद–त सद क़ुमाश
ख़ाके सियह गश्त ज़र, ख़ूने सियह गश्त शीर

42. प्रेमामृतं भोजनम्

1. उम्र का जो हिस्सा प्रेम के बिना बीत गया, उसे ज़िन्दगी में शुमार मत करो!
प्रेम ही असली अमृत है उसे हृदय और प्राणों से स्वीकार करो!

2. वे लोग जो प्रेमी नहीं हैं, उन्हें उस मछली की तरह समझो जो पानी के बिना है।
वे मुरझाए हुए हैं, वे मरे हुए हैं। चाहे वे किसी राज्य के मंत्री ही क्यों न हों।

3. प्रेम जब अपना असर डालता है तो सारे पेड़ हरे हो जाते हैं।
बूढ़ी शाखाओं से भी हर पल नयी-नयी जवान कोपलें फूटने लगती हैं।

4. जिसको प्रेम ने अपना शिकार बना लिया, वह कभी भी मौत के हाथों नहीं पड़ता। चन्द्रमा (प्रेमास्पद) ही जिसका ढाल बन गया हो, उस तक तीर का ज़ख़्म कैसे पहुँच सकता है।

5. संसार में जितने लोग हैं वे ख़ाक के ग़ुलाम बने हुए है।
एक प्रेम ही सारे मालो-दौलत को अपने ऊपर से झाड़ पाता है, ताकि बन्दियों को रिहाई मिल सके।

6. ऐ फ़क़ीर, अगर तुम्हारी झोली में किसी ने रोटी नहीं डाली—
तो तुम ख़ुद अपनी झोली की तह से ख़ुराक पाने की इच्छा करो।

7. सावधान रहो और प्रेम में मर्दानगी दिखाओ। परमेश्वर तुम्हें सैकड़ों रेशमी परिधान देगा।
प्रेम से काली मिट्टी सोना बन जाती है और काला ख़ून दूध बन जाता है।

43. दीदे ए ख़्वीश रा दीदन

1. इश्क़-स्त बर् आसमान परीदन
   सद् पर्दे बे हर नफ़स दरीदन

2. अव्वल नफ़स् अज़ नफ़स गुसस्तन
   अव्वल क़दम् अज़ क़दम बुरीदन

3. ना दीदे गिरफ़्तन ईन् जहान् रा
   मर् दीदे ए ख़्वीश रा बेदीदन

4. गुफ़्तम कि-दिला, मुबारक-त बाद
   दर हल्क़े ए आशिक़ान् रसीदन

5. ज़्,आन् सू ए नज़र नज़ारे कर्दन
   दर कूचे ए सीने हा दवीदन

6. ऐ मुर्ग़ बेगू ज़बाने मुर्ग़ान
   मन दानम रम्ज़े तू शुनीदन

7. दिल गुफ़्त-बे कारे ख़ाने बूदम
   ता ख़ाने ए आबो गिल परीदन

8. अज़ खाने ए सुन्अ मी परीदम
   ता ख़ाने ए सुन्अ आफ़रीदन

43. आवृत्तचक्षु:[32]

1. इश्क़ है—आसमानों में उड़ पाना।
   हर एक क्षण सौ पर्दों को फाड़ पाना।

2. इश्क़ की पहली बात है—बातों को बन्द कर देना।
   इश्क़ का पहला क़दम है—क़दमों को रोक लेना।

3. इश्क़ है—इस दुनिया को देखते हुए भी न देखना।
   बल्कि, जिनसे सारी चीज़ें देखी जाती हैं, उन आँखों को देखना।

4. मैंने दिल से कहा—ऐ दिल, तुम्हें मुबारक हो—
   प्रेम करने वालों की महफ़िल में तुम्हारा शामिल होना।

5. और, तुम्हारा नज़र के उस पार से देख पाना।
   और, दिल की गली में दौड़ लगा पाना।

6. ऐ पंछी, तू मुझे पंछियों की ज़बान में उत्तर दे!
   मुझको आता है तुम्हारे रहस्यों को सुनना और समझना।

7. दिल ने मुझसे कहा—पञ्च महाभूतों के मूल स्थान तक पहुँचने से पहले—
   मैं दुनिया के किसी एक कोने में बैठा घर के कामों में मशगूल था।

8. —और एक दिन, मैं इस सृष्टिगत वस्तुओं के जंजाल से—
   —उस जगह उड़ गया जहाँ इन सब चीज़ों की सृष्टि होती है।

---

32. कठोपनिषद् 2.1.1 (खुली हुई आँखों वाला)

44. तू मरौ

1. गर रवद दीदे ओ अक़्लो ख़िरद् ओ जान, तू मरौ
कि म-रा दीदने तू बेहतर् अज़् ईशान, तू मरौ

2. आफ़ताब् ओ फ़लक् अन्दर कनफ़े साये ए तू-स्त
गर रवद ईन फ़लक् ओ अख़्तरे ताबान, तू मरौ

3. ऐ कि दुर्दे सुख़न-त साफ़तर् अज़ तब्ए लतीफ़
गर रवद सफ़्वते ईन तब्ए सुख़नदान, तू मरौ

4. अह्ले ईमान् हमे दर ख़ौफ़े दमे ख़ातिमत-न्द
ख़ौफ़-म् अज़ रफ़्तने तू-स्त, ऐ शहे ईमान, तू मरौ

5. तू मरौ, गर बेरवी, जाने मरा बा खुद बर
व,र मरा मी न बरी बा ख़ुद अज़् ईन् ख़ान तू मरौ

6. बा तो हर जुज़्वे जहान् बाग़चे ओ बुस्तान-स्त
दर ख़ज़ान् गर बेरवद रौनक़े बुस्तान, तू मरौ

7. हिज्रे ख़ीश-म म-नुमा, हिज्रे तू बस संगदिल-स्त
ऐ शुदे ला,ल ज़ तू संगे बदख़्शान तू मरौ

44. गच्छन्ति, गच्छन्तु ते[33]

1. अगर मेरी आँखें, अक़्ल, दानिश और जान, ये सारी चीज़ें चली जाती हैं तो चली जायें।
   बस तुम न जाना। क्योंकि तुम्हें देखते रहना, मेरे लिए इन सबके होने से बेहतर है। बस तुम न जाना!

2. यह सूरज और यह आसमान सब तुम्हारी छाया में है।
   अगर यह आसमान या यह चमकदार सितारा गुम हो जाता है, तो हो जाये। बस तुम न जाना!

3. तुम्हारी बातों की तलछट भी मेरे लिए प्रभावपूर्ण वक्तृत्वों की अपेक्षा प्रियतर है।
   अगर सुख़नशनासों की सुन्दर बातें गुम भी हो जाए तो भी तुम मत जाना!

4. सारे ईमान वाले मौत के डर से डरे हुए होते हैं।
   लेकिन मुझे तो सिर्फ़ तुम्हारे जाने से डर लगता है। ऐ मेरे शाहे ईमान, तुम कहीं न जाना!

5. तुम न जाओ, और अगर जाना ही है, तो मेरी जान भी साथ लेते जाओ।
   और अगर मेरी जान नहीं ले जा सकते तो तुम भी इस जगह से मत हिलो!

6. तुम्हारे साथ संसार का कण कण बग़ीचा और गुलिस्तान की तरह है।
   अगर तुम्हारे बिना गुलिस्तान की रौनक़ पतझड़ बन जाती है तो तुम जा ही क्यों रहे हो?

7. अपना विरह मुझे न दिखाना, तुम्हारा विरह बड़ा ही पत्थर दिल है।
   तुम्हारे सम्पर्क में आने से तो बदख़्शाँ[34] प्रान्त के पत्थर भी माणिक हो जाते हैं, तुम न जाना!

---

33. अगर वे जाते हैं तो जाएँ (मधुसूदन सरस्वती के 'पश्यन्ति पश्यन्तु ते', की तर्ज़ पर)
34. अफ़ग़ानिस्तान का एक पर्वतीय प्रान्त जहाँ के माणिक्य बहुत प्रसिद्ध हैं।

8. के बुवद ज़र्रे कि गूयद-तू मरौ ऐ ख़ुर्शीद!
कि बुवद बन्दे कि गूयद बे तू सुल्तान-तू मरौ

9. लीक तू आबे हयाती हमे ख़िल्क़ान् माही
अज़ कमाले करम् ओ रह्मत् ओ एहसान तू मरौ

10. हस्त तूमारे दिले मन बे दराज़ी ए अबद
बर नविश्ते ज़े सर-श ता सू ए पायान तू मरौ

8. एक ज़र्रे की क्या बिसात कि वह सूरज से कहे कि तू न जा!
किसी ग़ुलाम की क्या हिम्मत कि वह सुल्तान से कहे कि तू न जा!

9. लेकिन, तुम तो अमृत के स्त्रोत हो और बाक़ी सारे प्राणी मछलियों की तरह हैं।
अपनी कृपा, रहमत और उपकार भाव से विवश होकर तुम न जाओ!

10. मेरे दिल की बही अनन्त काल की तरह लम्बी है।
जिस पर शुरुआत से अन्त तक बस यही लिखा हुआ है—तू न जा! तू न जा!

45. तदबीरे ख़लासे मा

1. ऐ वस्ले तू आबे ज़िन्दगानी
   तदबीरे ख़लासे मा तू दानी

2. अज़ दीदे बिरून् म-शौ, कि नूरी
   अज़ सीने जुदा म-शौ, कि जानी

3. मन ख़ुद चे कस-म कि वस्ल जूयम
   अज़ लुत्फ़े तु-अम हमी किशानी

4. ऐ दिल, तू मरौ सू ए ख़राबात
   हर चन्द क़लन्दरे जहानी

5. क्,आन्जा हमे पाकबाज़ बाशन्द
   तरसम् कि तू कम ज़नी, बेमानी

6. पुर्सीद यकी-कि आशिक़ी चीस्त
   गुफ़्तम कि मपुर्स अज़् ईन् मआनी

7. आन् गह कि चू मन शवी बेबीनी
   आन् गह कि बेख़ानद-त, बेख़ानी

45. मुक्ति का मार्ग

1. हे प्रिय, तुमसे मिलना अमृत की तरह जीवनदायी है।
   तुम हमारी मुक्ति का मार्ग जानते हो।

2. तुम मेरी आँखो से बाहर मत जाओ, क्योंकि तुम इसकी रौशनी हो।
   तुम मेरे सीने से अलग न होओ, क्योंकि तुम इसमें रहने वाली जान हो।

3. मैं ख़ुद कौन होता हूँ तुम्हारे मिलन की आकांक्षा करने वाला?
   यह तुम्हारी कृपा ही है कि तुम मुझे अपनी ओर खींच रहे हो।

4. ऐ दिल! तू मैख़ाने की ओर न जा!
   चाहे अपने आप को संसार का बहुत बड़ा त्यागी-तपस्वी ही क्यों न समझता हो—

5. क्योंकि मैख़ाने में इतने पवित्र हृदय लोग होंगे—
   कि मुझे डर है कि तुम उन्हें देखकर हीन भावना से भर जाओगे।

6. किसी ने मुझसे पूछा—आशिक़ होना क्या होता है।
   मैंने उससे कहा—इस रहस्य को तुम मुझसे न पूछो।

7. जिस समय तुम मेरे जैसे हो जाओगे तुम ख़ुद ब ख़ुद समझ जाओगे।
   और जिस क्षण प्रिय तुम्हें बुलाएगा, तुम ख़ुद ही बोल पड़ोगे।

46. चन्दान् बेनाल

1. ऐ दिल! चे अन्दीशीदे ई दर उज़्रे ईन तक़्सीर-हा
ज़्,आन सू ए ऊ चन्दान वफ़ा, ज़्,ईन सू ए तू चन्दीन जफ़ा

2. ज़्, आन सू ए ऊ चन्दान करम, ज़् ईन् सू ख़लाफ़् ओ बीश् ओ कम
ज़् आन सू ए ऊ चन्दान निअम, ज़्,ईन सू ए तू चन्दीन ख़ता

3. ज़, ईन सू ए तू चन्दीन हसद, चन्द्,ईन ख़यालो ज़न्न् ए बद
ज़् आन सू ए ऊ चन्दान कशिश, चन्दान चशिश, चन्दान अता

4. चन्दीन चशिश अज़ बह्रे चे, ता जाने तल्ख़-त ख़ुश शवद
चन्दीन चशिश अज़ बह्रे चे ता दर रसी दर औलिया

5. अज़् बद पशीमान् मी शवी, अल्लाह गूयान् मी शवी
आन् दम तु-रा ऊ मी कशद ता वा रेहानद मर तु-रा

6. अज़ जुर्म तर्सान् मी शवी, व,ज़ चारे पुर्सान् मी शवी
आन् लहज़े तर्सानन्दे रा बा ख़ुद नमी बीनी चेरा

7. चन्दान् दुआ कुन दर निहान, चन्दान् बेनाल् अन्दर शबान
कज़ गुम्बदे हफ़्त् आसमान, दर गूशे तू आयद सदा

46. नाला ए शबगीर

1. ऐ दिल! अपनी इन ग़लतियों की सफ़ाई के तौर पर तुमने क्या सोच रखा है? उस (प्रिय) की ओर से इतनी वफ़ादारियाँ और तुम्हारी ओर से इतनी सारी बेवफ़ाइयाँ!

2. उसकी ओर से इतनी कृपाएँ और तुम्हारी ओर से इतनी ख़िलाफ़वर्ज़ियाँ और कमी-बेशी!
   उसकी ओर से इतनी नेमतें और तुम्हारी ओर से इतनी ख़ताएँ!

3. तुम्हारी ओर से इतनी ईर्ष्या, इतनी बदगुमानियाँ!
   उसकी ओर से इतने आमंत्रण, इतना माधुर्य, इतनी देन!

4. उसकी ओर से इतना माधुर्य इसलिए है ताकि तुम्हारी कड़वी जान मधुर हो सके।
   उसकी ओर से इतना माधुर्य इस कारण से है कि तुम उसके लोगों तक जाने के योग्य बन पाओ।

5. जब कभी भी तुम अपनी बुराइयों से शर्मा कर उसका नाम पुकार उठते हो।
   उस क्षण वह तुमको सहारा देता है और तुमको कष्टों से छुड़ा लेता है।

6. जब तुम जुर्म से डरते हो और उससे बचने का उपाय पूछने लगते हो तो—
   उस क्षण अपने डराने वाले को, जो तुम्हारे साथ ही हैं, क्यों नहीं देख पाते?

7. एकान्त में बैठकर इतनी प्रार्थना करो, रातों को ऐसे करुण ढंग से पुकारो—
   कि तुम्हारे कानों में सात आसमानों के गुम्बदों से आवाज़ पहुँच जाए।

47. साक़िया

1. मन अज़ कुजा पन्द अज़ कुजा बादे बेगर्दान् साक़िया
   आन जामे जान-अफ़ज़ाय रा बर रीज़ बर जान साक़िया

2. बर दस्ते मन नेह जामे जान, ऐ दस्तगीरे आशिक़ान्
   दूर अज़ लबे बीगानेगान् पीश् आर पिन्हान्, साक़िया

3. ऐ जाने जाने जाने जान, मा न्,आमदीम अज़ बह्रे नान
   बर जेह गदारूई मकुन दर बज़्मे सुल्तान्, साक़िया

4. अव्वल बेगीर आन् जामे मेह, बर कफ़्फ़े ए आन पीर नेह
   चून् मस्त गर्दद पीरे देह, रौ सू ए मस्तान् साक़िया

5. रू सख़्त कुन ऐ मुर्तजा, मस्त् अज़ कुजा शर्म अज़् कुजा
   व,र शर्म दारी, यक क़दह बर शर्म अफ़्शान् साक़िया

6. बर ख़ीज़, ऐ साक़ी बिया, ऐ दुश्मने शर्मो हया
   ता बख़्ते मा ख़न्दान् शवद, पीश् आर ख़न्दान् साक़िया

47. साक़िया!

1. ऐ साक़ी! मेरे जैसे मस्तों के आगे ये उपदेश की बातें कहाँ? तू तो बस हमें शराब परोस!
   प्राणों का पोषण करने वाले उस शराब के प्याले को मेरे प्राणों पर ढाल।

2. ऐ आशिक़ों का हाथ थामने वाले साक़ी, मेरे हाथ में प्राणों का प्याला थमा दे।
   यह प्याला बेगानों के होठों से दूर रखकर बिल्कुल छिपा कर मेरे पास ले आ।

3. ऐ मेरे प्राणों के प्राणों के प्राणों के प्राण! हम तुम्हारी रोटियों (भौतिक लोभ) के लिए तुम्हारे पास नहीं आए हैं।
   सुनो साक़ी! उचक कर उठ जाओ। सुल्तान की महफ़िल में भिखारियों की तरह रुआँसा चेहरा न बनाओ।

4. इस कुहासे जैसे धुँधले जाम को लेकर सबसे पहले उस बूढ़े आदमी के हाथ में पकड़ा दो।
   जब गाँव का बूढ़ा मस्त हो जाए तब इस जाम को दूसरे मस्तों के पास लेकर आओ।

5. ऐ हम लोगों की आशाओं के केन्द्र बिन्दु हमारे साक़ी, हम मस्त लोग कहाँ और ये तुम्हारी शर्मसारी कहाँ?
   फिर भी अगर शर्म आ रही हो तो शराब का एक प्याला लेकर शर्म पर भी उड़ेल दो।

6. ऐ शर्मो हया के दुश्मन मेरे साक़ी! उठ जा, और पास आ।
   हमारे आगे खिलखिलाते हुए चेहरे के साथ शराब ले आ, ताकि हमारा भाग्य भी मुस्करा उठे।

48. बे साक़ी दर निगर दर मस्त मन्गार

1. बे साक़ी दर निगर दर मस्त मन्गार
   बे यूसुफ़ दर निगर दर दस्त मन्गार

2. बेदान् गुलज़ारे बी पायान् गुज़र कुन
   बेदीन् ख़ारी कि पाय-त ख़स्त मस्त मन्गार

3. चू दर जूय-त रवान् शुद आबे हैवान
   बे ख़ुम्म् ओ कूज़े, गर इश्कस्त मन्गार

4. बे हस्ती बख़्श् ओ मस्ती बख़्श बेगिरौ
   म-नाल अज़ नीस्त व,न्दर हस्त मन्गार

5. तू साफ़ान् बीन् कि बर बाला दवीदन्द
   बे दुर्दी क्,आन् बे बुन बिन्शस्त मन्गार

6. जहान पुर बीन ज़ सूरत-हा ए क़ुद्सी
   बेदान सूरत कि राह-त बस्त मन्गार

7. बे दामे इश्क़ मुर्ग़ाने शिगर्फ़-न्द
   बे बूमी के ज़ दामन रस्त मन्गार

8. बेह् अज़ तू नातिक़ी अन्दर कमीन हस्त
   दर् आन्, क्,ईन लहज़े ख़ामूश-स्त, मन्गार

48. साक़ी को देखो शराबी को नहीं

1. साक़ी की ओर नज़र गड़ाये रहो। उसने जिनको मस्त किया है, उनकी ओर मत देखो।
   यूसुफ़ के अप्रतिम सौन्दर्य को देखो, अपने कटते हुए हाथों को मत देखो।[35]

2. इस बेहद्दो हिसाब वाटिका की ओर देखो।
   जिस काँटे ने तुम्हारे पैर को बींध दिया, उसे मत देखो।

3. जब तुम्हारे सोते में अमृत की धारा बहने लगी है—
   ऐसी हालत में अगर तुम्हारा घड़ा और गागर फूट भी गए तो भी उसकी ओर मत देखो।

4. उससे जुड़ जाओ जिसने तुम्हें अस्तित्व दिया है और जो आह्लाद को प्रदान करने वाला है।
   जो नहीं है उसके लिए विलाप मत करो, जो है उसको देखो।

5. तुम साफ़ (शराब, या लोगों) को देखो जो ऊपर बढ़ आया है।
   उस तलछट को न देखो जो तल में बैठ गया है।

6. संसार को परमेश्वर के पवित्र रूप से भरा हुआ देखो।
   संसार के जिस स्वरूप ने तुम्हारे अध्यात्म मार्ग को रोक रखा है, उसकी उपेक्षा करो।

7. इश्क़ के जाल में बड़े बड़े पंछी फँसने वाले हैं।
   फिर उस उल्लू की चिन्ता न करो जो तुम्हारे दामन से छूटकर भाग गया।

8. तुमसे अधिक अच्छा बोलने वाला तुम्हारे अन्दर छिप कर बैठा हुआ है।
   इस बात पर न जाओ कि वह अभी चुप बैठा है।

---

35. जुलेख़ा ने जब अपने प्रेमास्पद तथा ग़ुलाम यूसुफ़ को फल काटती हुई औरतों के बीच से गुज़ारा तो वे यूसुफ़ के सौन्दर्य से बहक कर अपने हाथ ही काट बैठी थीं।

49. ऐ पिसर!

1. अक़्ल बन्दे रहरवान् ओ आशिक़ान् अस्त् ऐ पिसर!
   बन्द बिश्कन, रह अयान् अन्दर अयान् अस्त्, ऐ पिसर!

2. अक़्ल बन्द् ओ दिल फ़रीब् ओ तन ग़ुरूर् ओ, जान् हिजाब
   राह् अज़् ईन् जुम्ले गरानी-हा निहान् अस्त्, ऐ पिसर!

3. चून् ज़ अक़्ल् ओ जान् ओ दिल बरख़ास्ती बीरून् शुदी
   ईन् यक़ीन् ओ ईन् अयान् हम दर गुमान् अस्त्, ऐ पिसर!

4. गर रवी बर आसमाने हफ़्तुमीन् इदरीस-वार
   इश्क़े जानान् सख़्त नीकू नर्दबान् अस्त्, ऐ पिसर!

5. साये अफ़कन्दे-स्त इश्क़-श हमचू दामी बर ज़मीन्
   इश्क़े चून् सय्यादे ऊ बर आसमान् अस्त्, ऐ पिसर!

6. इश्क़ रा अज़ मन मपुर्स्, अज़ कस मपुर्स्, अज़ इश्क़ पुर्स
   इश्क़, दर गुफ़्तन चू अब्रे दुर-फ़िशान् अस्त् ऐ पिसर!

7. तर्जुमानी ए मन् ओ सद चून् मन-श मुहताज नीस्त
   दर हक़ायक़ इश्क़ ख़ुद रा तर्जुमान् अस्त् ऐ पिसर

49. पिता की सीख

1. ऐ मेरे बेटे! अक्ल (शुष्क तर्कबुद्धि) ही प्रेम के राहगीरों के रास्ते की सबसे बड़ी रुकावट है।
   अगर तुम इस बन्धन को तोड़ सको तो सारा का सारा रास्ता तुम्हारे लिए रौशन है।

2. ऐ मेरे बेटे! अक़्ल बन्धन है, दिल फ़रेब है, तन ग़रूर है और प्राण पर्दे हैं।
   तुम्हारा रास्ता इन्हीं सारी भारी भरकम चीज़ों के तले दबा हुआ है।

3. जब तुम इन चीज़ों—अक़्ल, दिल और जान से बाहर आने के लिए उठ खड़े होते हो,
   (तो) यह विश्वास और यह भरोसा भी एक भ्रम के अतिरिक्त और कुछ नहीं है।

4. अगर तुम इदरीस[36] की तरह सातवें आसमान तक पहुँचना चाहते हो तो—
   दिव्य प्रेम तुम्हारे लिए बहुत दृढ़ और बड़ी अच्छी सीढ़ी है।

5. ऐ बेटे, उस (परमेश्वर)के प्रेम ने अपनी छाया ज़मीन पर जाल की तरह फैला रखी है।
   और ख़ुद किसी शिकारी की तरह आसमान पर छिपकर बैठ गया है।

6. ऐ बेटे, इश्क़ क्या है, ये न मुझसे पूछो, न किसी और से पूछो। यह ख़ुद इश्क़ से पूछ लो।
   इश्क़ को ऐसे समझ सकते हो जैसे कि वह मोतियों की बारिश करने वाला बादल हो।

7. इश्क़ मेरे या मेरे जैसे दूसरे सैकड़ों प्रवक्ताओं का मुहताज नहीं है।
   अपनी हक़ीक़त बयान करने में वह ख़ुद अपना समर्थ प्रवक्ता है।

---

36. एक पैग़म्बर का नाम।

50. मतर्स

1. बिया कि दाने लतीफ़-स्त, रौ, ज़ दाम मतर्स!
कुमारख़ाने दर् आ ओ ज़ नंगे वाम मतर्स!

2. शुनीदे ई कि दर् ईन् राह बीमे जानो सर् अस्त
चू यार आबे हयात-स्त् अज़् ईन् पयाम, मतर्स!

3. चू इश्क़ ईसी ए वक़्त-स्त् ओ मुर्दे मी जूयद
बेमीर पीशे जमाल-श चू मन तमाम, मतर्स!

4. हरीफ़े माह शुदी, अज़ असस चे ग़म दारी
सबूहे रूह चू दीदी ज़ सुब्हो शाम, मतर्स!

5. ख़याले दूस्त बियावर्द सू ए मन जामी
कि-गीर बादे ए ख़ास् ओ ज़ ख़ास् ओ आम, मतर्स!

6. बेगुफ़्तम-श महे रूज़े-स्त् ओ रूज़, गुफ़्त ख़मूश!
कि नश्कनद मये जान् रूज़े, ए सियाम, मतर्स

50. मा भेर्मा संविक्था:[37]

1. यहाँ आओ। यहाँ प्यार का दाना बिखेरा हुआ है। जाल में फँसने से मत डरो। इस इश्क़ के जुआघर में प्रवेश कर जाओ। क़र्ज़ की बदनामी से मत डरो।

2. तुमने बहुतों से सुना होगा कि इस रास्ते में जान जाने और सर कटने का ख़तरा है।
   लेकिन तुम्हारा प्रिय जब अमृत सा जीवनदायी है तो ऐसी चेतावनियों से क्या डरना?

3. प्रेम जीता जागता ईसा मसीह है। वह मुर्दों को ढूँढ़ता फिरता है ताकि वह उन्हें ज़िन्दा कर सके।
   इसलिए तुम भी मेरे जैसे उसके सौन्दर्य पर पूरी तरह से क़ुर्बान हो जाओ। बिल्कुल मत डरो।

4. जब तुम उस चाँद (प्रिय) से सीधी बात करने लगे तो तुम्हें अदना सिपाहियों का क्या डर।
   जब तुमने रूहानी शराब चख ली तो तुम्हें सुबह या शाम से क्या डर।

5. मेरे प्रिय की प्यारी यादों ने मेरे सामने शराब का जाम लाकर रख दिया। उसने कहा—कि यह बिल्कुल ख़ास शराब पकड़ो और ख़ासो-आम का डर छोड़ दो।

6. मैंने उससे कहा कि यह रोज़े का महीना है और अभी तो दिन भी नहीं ढला है। उसने कहा—चुप रहो! रूह की शराब पीने से रोज़े नहीं टूटते। डरो मत!

---

37. यजुर्वेद 1.23 (मत डरो, मत घबराओ)

51. न गुंजी

1. तू आन् माही कि दर गर्दून् न गुंजी
   तू आन् आबी कि दर जैहून् न गुंजी

2. तू आन् दुर्री कि अज़् दर्या फुजूनी
   तू आन् कूही कि दर हामून् न गुंजी

3. चे ख़ानम मन फ़ुसून्, ऐ शाहे परियान्
   कि तू दर शीशे ओ अफ़सून् न गुंजी

4. तू ख़ुर्शीदी, क़बा-यत नूरे सीने-स्त
   तू अन्दर अतलस् ओ अक्सून् न गुंजी

5. तु-ई शागिर्दे जान्-अफ़्ज़ा तबीबी
   दर इस्तदूलाले अफ़लातून् न गुंजी

6. तू मा,जूनी कि न बुवद दर् ज़ख़ीरे
   ज़ख़ीरे चीस्त ? दर क़ानून न गुंजी

7. बेगूयद ख़स्म-ता ख़ुद चून् बुवद ईन्
   तू अज़ बी चूनी ओ दर चून् न गुंजी

51. अप्रमेयः[38]

1. तू वह चाँद है जो आसमान में नहीं समा सकता।
   तू वह पानी है जो जैहून नदी में नहीं समा सकता।

2. तू वह मोती है जो समन्दरों से भी बढ़कर है।
   तू वह पहाड़ है जो रेगिस्तानों में भी नहीं समा सकता।

3. ऐ परियों के शाहंशाह, मैं तुम पर कौन सा मन्तर पढ़ूँ।
   तू न तो शीशे में समा सकता है और न ही किसी जादू के बस में आ सकता है।

4. तू तो सूरज है। तेरे सीने का नूर ही तेरा पहनावा है।
   तू रेशम या अकसून के कपड़ों में समाने वाला नहीं है।

5. तू तो उस प्राणप्रद वैद्य (परमात्मा) का पट्ट शिष्य है।
   प्लेटो की तर्कबुद्धि तुम्हारा पार नहीं पा सकती।

6. तू वह महौषधि है जो अष्टांगसंग्रह में भी नहीं मिलती।
   अष्टांगसंग्रह की क्या बिसात, तेरे जैसा जीवन-चूर्ण तो सारे आयुर्वेद में भी वर्णित नहीं हैं।

7. (इस बयान से) दुश्मन खीझ कर कह उठता है—ऐसी तो कोई चीज़ ही नहीं होती।
   ठीक ही तो है, तुम्हारा सम्बन्ध निर्विशेष से है और तुम विशेषणों में नहीं समा सकते।

---

38. भगवद्गीता 2.18

52. बर ख़ीज़

1. बर ख़ीज़ कि जान–स्त् ओ जहान् अस्त् ओ जवानी
   ख़ुर्शीद बर् आमद, बेनिगर नूर फ़िशानी

2. आन् हुस्न कि दर ख़ाब हमी जुस्त जुलैख़ा
   ऐ यूसुफ़े अय्याम! बे सद रह, बेह् अज़् आनी

3. बर् ख़ीज़ कि आवीख़्त तराज़ू ए क़यामत
   बर संज बेबीन् के सुबुकी या तू गरानी

4. हर सूय् निशानी–स्त ज़ मख़्लूक़ बे ख़ालिक़
   क़ाने, न शवद आशिक़े बीदिल बे निशानी

5. ऊ उम्रे अज़ीज़् अस्त अज़् ऊ चारे न दारी
   ऊ जाने जहान् आमद् ओ तू नक़्शे जहानी

6. बर सूरते संगीन बेज़नद, रूह पज़ीरद
   हैफ़ अस्त क्,अज़्,ईन् रूह तू महरूम बेमानी

7. ऊ काने अक़ीक़ आमद् ओ सरमाये ए कान्–हा
   दर काने अक़ीक़ आय, चे दरबन्दे दुकानी

52. उत्तिष्ठत जाग्रत[39]

1. उठकर खड़े हो जाओ! अभी तुझमें जान है और तू जवान–जहान है।
सूरज निकल आया है। उसका रौशनी बिखेरना तो देखो।

2. वह सौन्दर्य जिसको जुलैख़ा[40] सपने में देखा करती थी।
ऐ इस युग के यूसुफ़![41] तुम हज़ारों तरह से उसकी अपेक्षा अधिक सुन्दर हो।

3. उठ जाओ! न्याय के दिन का तराजू लटकाया जा चुका है।
ज़रा अपने को तोल के देखो तो कि तुम हल्के हो या भारी।

4. सृष्टि हर ओर से अपने सृष्टिकर्ता के संकेत प्रस्तुत कर रही है।
लेकिन सन्तप्त प्रेमी संकेत मात्र से सन्तुष्ट नहीं होता है।

5. वह (प्रिय) तुम्हारा प्राण है। उससे बिछड़ कर तुम रह ही नहीं सकते।
वह इस संसार का भी प्राण है और तुम इस संसार के शरीर हो।

6. जो भी अपने इस पत्थर जैसे (बाहरी) रूप के तिलिस्म को तोड़ सका उसे आत्मा की प्राप्ति हो गई।
बहुत दुःखद होगा अगर तुम इस आत्मा से वंचित रह जाओगे।

7. वह अक़ीक़ के रत्नों की खान बन कर प्रकट हुआ है। वह इन खानों की जमापूँजी भी है।
इस अक़ीक़ के खान की तरफ़ रुख करो। अक़ीक़ की दुकान में क्यों फँसे हुए हो?

---

39. कठोपनिषद् 1.3.14
40. जुलैख़ा मिस्र के अज़ीज़ की पत्नी थी जो अपने नौकर यूसुफ़ पर आशिक़ थी।
41. यूसुफ़ एक पैग़म्बर हैं। इन्हें सुन्दरता का प्रतिमान माना जाता। ये याक़ूब नामक पैग़म्बर के पुत्र थे। बाद में मिस्र के शासक बने।

53. जाने गुलिस्तान मनम

1. गुफ़्त लब–म नागहान् नामे गुल् ओ गुल्सितान
आमद आन् गुल–इज़ार, कूफ़्त मरा बर दहान

2. गुफ़्त कि सुल्तान् मन–म, जाने गुलिस्तान् मन–म
हज़रते चून् मन शही, व्, आन्–गह यादे फ़ुलान

3. दफ़्फ़े मनी हीन् मख़ुर सीली ए हर नाकसी
नाये मनी हीन मकुन अज़ दमे हर कस फ़ुग़ान

4. पीशे चू मन कैक़ुबाद चश्मे बद–म दूर बाद
शर्म न दारद कसी याद कुनद अज़ केहान ?

5. जुग़्द बुवद कू, बे बाग़ यादे ख़राबे कुनद
ज़ाग़ बुवद कू बहार याद कुनद अज़ ख़ज़ान

6. पुश्ते जहान् दीदे ई, रू ए जहान् रा बेबीन
पुश्त बे ख़ुद कुन कि ता रूय् नुमायंद जहान

7. ऐ क़मरे ज़ीरे मीग़, ख़ीश न दीदी दरीग़!
चन्द चू साये दवी दर पये ईन् दीगरान

53. अनन्याश्चिन्तयन्तो माम्[42]

1. मेरे होंठों ने अचानक (ग़लती से) गुल और गुलिस्तान का नाम ले लिया।
   तभी वह फूलों जैसे गालों वाला (प्रिय) आया और उसने मेरे मुँह पर एक थप्पड़ जड़ दिया।

2. उसने कहा कि सुल्तान तो मैं हूँ, गुलिस्ताँ की जान तो मैं हूँ।
   मुझ जैसे सम्राट् के सामने उन ऐरे ग़ैरों को याद क्यों करते हो।

3. जब तुम मेरे डफ हो तो हर ऐरे ग़ैरे के हाथों की थाप क्यों खाते हो।
   जब तुम मेरी बाँसुरी हो तो किसी के भी साँसों की छुअन से पुकार शुरू क्यों कर देते हो?

4. मुझे नज़र न लगे, मेरे जैसे अद्‌भुत सम्राट् के सामने—
   अगर कोई तुच्छ चीज़ों की चर्चा करता है तो उसे शर्म आनी चाहिए।

5. अगर कोई खिले हुए बाग़ में बैठ कर खंडहर को याद करता है तो उसे उल्लू ही कहा जाएगा।
   हरे भरे बसन्त में पतझड़ की कामना कौआ ही कर सकता है।

6. अभी तक तो तुमने दुनिया की पीठ भर देखी है। ज़रा उसका चेहरा भी देख लो।
   इसके लिए अपनी ओर से पीठ कर लो ताकि दुनिया का रहस्य तुम्हें पता चल जाए।

7. ऐ बादल के नीचे छिपे चाँद, अफ़सोस है कि तुम अभी तक अपने आप को नहीं देख सके हो।
   आख़िर कब तक तुम दूसरों के पीछे छाया की तरह दौड़ते रहोगे?

---

42. केवल मुझको ही सोचते हुए जो—(श्रीमद्‌भगवद्‌गीता 9.22)

54. जानिबे चर्ख़ दूदे मन

1. ऐ! शुदे अज़ जफ़ा ए तो जानिबे चर्ख़ दूदे मन
जौर मकुन कि बिश्नवद, शाद शवद हसूदे मन

2. बीश मकुन तू दूद रा शाद मकुन हसूद रा
वह! कि चे शाद मी शवद अज़ तलफ़े वुजूदे मन

3. तल्ख़ मकुन उमीदे मन, ऐ शकरे सपीदे मन
ता न दरम ज़ दस्ते तो पैरहने कबूदे मन

4. दिलबर् ओ यारे मन तू-ई, रौनक़े कारे मन तू-ई
बाग़् ओ बहारे मन तू-ई बह्रे तू बूद बूदे मन

5. ख़ाबे शब-म रबूदे ई मूनिसे मन तू बूदे ई
आतशे तो निशाने मन, दर दिले हमचू ऊदे मन

6. जिस्म न बूद् ओ जान बुदम, बा तू बर् आसमान् बुदम
हीच न बूद दर्मियान् गुफ़्ते मन् ओ शुनूदे मन

54. उमीदों का स्वाद

1. तुम्हारी बेवफ़ाई के नाते उठने वाली मेरी आहों का धुँआ आसमान पर छा गया है।
इस तरह अत्याचार न करो कि मुझसे ईर्ष्या करने वाले सुन कर ख़ुश हो जाएँ।

2. इन धुओं को और न बढ़ाओ, दुश्मनों को ख़ुश होने का और मौक़ा न दो।
ज़रा देखो तो, वे मेरे वजूद के बर्बाद होने पर कितने ख़ुश हो रहे हैं।

3. ऐ मेरे सफ़ेद शक्कर जैसे मीठे प्रियतम ! मेरी उमीदों के स्वाद को कड़वा मत करो।
कहीं ऐसा न हो कि मुझे तुम्हारे हाथों से अपने काले पहनावों को फाड़ना पड़ जाए।

4. तू मेरा चितचोर है, तू मेरा यार है। मेरे कामों में रौनक़ भी तू ही है।
मेरे बाग़ और उन बाग़ों में जो बहार है, वह तू ही है। मेरा होना ही तुम्हारे लिए है।

5. तुम मेरे अपने हो लेकिन तुमने मेरी रातों की नींदें चुरा लीं हैं।
मेरा दिल, जो धूप बत्ती की तरह जल रहा है वह बता रहा है कि इसमें तुम आग की तरह मौजूद हो।

7. मैं जब जिस्म नहीं था, बल्कि केवल रूह था और आसमान पर तुम्हारे साथ था।
तब केवल हम और तुम थे। हम दोनों के बीच ये कहने सुनने जैसी कोई भी चीज़ नहीं थी।

باب طرب

॥ बाब् ए तरब ॥

(विभूति खंड)

55. निगार मी रसद

1. आब ज़नीद राह रा हीन कि निगार मी रसद
मुज़्दे दहीद बाग़ रा बू ए बहार मी रसद

2. राह दहीद यार रा आन् महे दह-चहार रा
क,ज़ रुख़े नूरबख़्शे ऊ नूर निसार मी रसद

3. चाक शुद,स्त आसमान ग़लाले ई स्त दर जहान्
अम्बर् ओ मुश्क मी दमद संजुक़े यार मी रसद

4. रौनक़े बाग़ मी रसद, चश्मो चराग़ मी रसद
ग़म बे कनारे मी रवद, मह बे कनार मी रसद

5. तीर रवाने मी रवद, सू ए निशाने मी रवद
मा चे निशस्ते ईम पस, शह ज़ शिकार मी रसद

6. बाग़ सलाम मी कुनद, सर्व क़याम मी कुनद
सब्ज़े पयादे मी रवद, ग़ुंचे सवार मी रसद

7. ख़ल्वतियाने आसमान ता चे शराब मी ख़ुरन्द
रूह ख़राबो मस्त शुद, अक़्ल ख़ुमार मी रसद

8. चून् बेरसी बे कू ए मा, ख़ामुशी अस्त ख़ू ए मा
ज़ा,न् कि ज़ गुफ़्तो गू ए मा गर्दो ग़ुबार मी रसद

55. मी म्हणे गोपालु आला गे माए[43]

1. ऐ लोगो, रास्तों में पानी का छिड़काव करो क्योंकि मेरा महबूब आ रहा है।
   बाग़ों को ख़ुशख़बरी दे दो कि उन तक बहार की गमक पहुँच रही है।

2. चौदहवीं के चाँद की तरह जो मेरा यार है उसे आने का रास्ता दो।
   क्योंकि उसके नूर बिखेरने वाले चेहरे पर सारी रौशनियाँ निछावर हो रही हैं।

3. आसमान टुकड़े-टुकड़े हो गया है। सारी दुनिया पर शोरो गुल तारी है।
   चारों ओर इत्र और कस्तूरी उग रहे हैं। मेरे यार का डोला पहुँच रहा है।

4. बाग़ की रौनक फिर लौट रही है। आँखों की दृष्टि लौट रही है।
   सारे कष्ट एक किनारे हो जा रहे हैं। वह चाँद मेरे आलिंगन में आ रहा है।

5. तीर सरपट निशाने की ओर आगे बढ़ रहे हैं।
   जब शाह शिकार के लिए निकल रहा है फिर हम बैठे क्यों हैं?

6. उसके आने पर बाग़ उसे सलाम कर रहा है और सर्व का पेड़ बड़े आदर से खड़ा हो गया है।
   हरियाली पैदल चल कर आ रही है और कलियाँ सवारी पर आ रही हैं।

7. आसमान के एकान्तवासी आख़िर कब तक शराब पियेंगे?
   अब तो रूह बदमस्त हो रही है और अक़्ल पर ख़ुमारी छा गई है।

8. जब तुम हमारी गली में पहुँचो तो यह समझ कर आओ कि मौन हम लोगों का स्वभाव है।
   क्योंकि जब हम बातें करते हैं तो धूल धक्कड़ उठती है।

---

43. ज्ञानेश्वर महाराज (मुझे लगा, श्रीकृष्ण आ गए!)

56. अर्ज़ानी ए शक्कर

1. ख़बर-त हस्त कि दर शह्र शकर अर्ज़ान् शुद?
ख़बर-त हस्त कि दै गुम शुद् ओ ताबिस्तान शुद?

2. ख़बर-त हस्त कि रैहान् ओ क़रन्फ़ुल दर बाग़
ज़ीरे लब ख़न्देज़नान् अन्द कि कार् आसान शुद?

3. ख़बर-त हस्त कि बुलबुल ज़े सफ़र बाज़ आमद
दर समा, आमद् ओ सुल्ताने हमे मुर्ग़ान् शुद?

4. ख़बर-त हस्त कि दर बाग़ कुनून् शाख़े दरख़्त
मुज़्दे ए नौ बेशिनीद् अज़ गुल् ओ दस्त् अफ़्शान् शुद?

5. ख़बर-त हस्त कि जान् मस्त शुद् अज़ जामे बहार
सरख़ुश् ओ रक़्स कुनान् दर हरमे सुल्तान् शुद?

6. गुलरुख़ानी ज़े अदम चर्ख़ज़नान् आमदे अन्द
क्, अंजुमे चर्ख़ निसारे क़दमे ईशान् शुद

7. बज़्मे आन् इश्रतियान् बारे दिगर ज़ीब गिरिफ़्त
बाज़ आन् बादे सबा बादे-देहे बुस्तान् शुद

8. नक़्श-हा बूद पसे पर्दे ए दिल पिन्हानी
बाग़-हा आइने ए सिर्रे दिले ईशान् शुद

9. आन् चे बीनी तू ज़ दिल जूय् ज़ आईने मजूय्
आइने नक़्श शवद लीक न तानद जान् शुद

56. सर्वं प्रिये चारुतरं वसन्ते[44]

1. अरे, तुम्हें पता भी है कि शहर में शक्कर सस्ती हो गई है?
   क्या तुम्हें पता है कि पतझड़ चला गया और वसन्त की गमक आ गई?
2. क्या तुम्हें पता है कि बाग़ में रैहान और लौंग के फूल–
   दबे होंठों से मुस्करा रहे हैं कि अब तो हमारा काम आसान हो गया!?
3. क्या तुम्हें पता है कि बुलबुल अपने सफ़र से लौटकर—
   नृत्य में डूब गई और सभी पंछियों की रानी बन बैठी है?
4. क्या तुम्हें पता है कि इस समय बाग़ में पेड़ों की डालियों ने—
   गुल से नई ख़ुशख़बरी पायी और अपनी पत्तियों से तालियाँ बजाना शुरू कर दिया?
5. क्या तुम्हें पता है कि वसन्त के प्याले से प्राण मस्त हो गये हैं।
   वे आह्लादित होकर नृत्य करते हुए सुल्तान के अन्त:पुर तक पहुँच गये?
6. फूलों जैसे चेहरे वालियाँ अनस्तित्व लोक से आकाशचक्र को आन्दोलित करती हुए पहुँच चुकी हैं।
   और आकाश में उगी तारों की माला उनके क़दमों पर निसार हो गई।
7. उन मस्त लोगों की महफ़िल पर फिर से रौनक चढ़ने लगी है।
   फिर से सुबह की हवा गुलिस्तान को शराब से तृप्त करने लगी है।
8. (पहले) सारी निशानियाँ दिल के पर्दे के पीछे छिपी हुई थीं।
   (फिर) खिले-खिले गुलिस्तान उनके दिल के राज़ की तर्जुमानी करने वाले आइने बन गए।
9. जिन चीज़ों को तू बाहर देख रहा है उन्हें अन्दर दिल में खोज, आइने में मत खोज।
   आईना किसी चीज़ का बाहरी नक़्शा तो उतार सकता है लेकिन उसकी आत्मा को नहीं पकड़ सकता।

---

44. कालिदास—ऋतुसंहार (हे प्रिये, वसन्त में सारी वस्तुएँ और सुन्दर हो जाती हैं।)

57. अन्दक अन्दक

1. अन्दक् अन्दक जम्ए मस्तान् मी रसन्द
   अन्दक् अन्दक मै-परस्तान् मी रसन्द

2. दिलनवाज़ान नाज़-नाज़ान दर रह-न्द
   गुल उज़्ज़ारान् अज़ गुलिस्तान मी रसन्द

3. अन्दक् अन्दक ज़्,ईन जहाने हस्त् ओ नीस्त
   नीस्तान् रफ़्तन्दो हस्तान् मी रसन्द

4. जुम्ले दामन-हा ए पुरज़र हमचू कान
   अज़् बराये तंगदस्तान् मी रसन्द

5. लाग़राने ख़स्ते अज़ मरआ ए इश्क़
   फ़र्बेहान् ओ तन्दुरुस्तान् मी रसन्द

6. अस्ले-शान् लुत्फ़-स्त् ओ हम वा-गश्त लुत्फ़
   हम ज़े बुस्तान् सू ए बुस्तान् मी रसन्द

57. शनैः शनैः

1. धीरे धीरे मस्तों का झुण्ड पहुँच रहा है।
   धीरे धीरे मद्य के उपासक जुट रहे हैं।

2. दिल की नवाज़िश करने वाले प्यारे-प्यारे लोग रास्ते में हैं।
   गुल की तरह गालों वाले गुलिस्तान से चल कर यहाँ पहुँच रहे हैं।

3. धीरे-धीरे इस अस्तित्व और अनस्तित्व से मिश्रित संसार में से—
   अनस्तित्व गुम हो रहा है और अस्तित्वमय लोग पहुँच रहे हैं।

4. खान की तरह सोने से भरे हुए सारे दामन-
   तंगहालों की नवाज़िश के लिए पहुँच रहे हैं।

5. जो कमज़ोर और ख़स्ताहाल थे वे इश्क़ की चरागाह से--
   मोटे-ताज़े और तन्दुरुस्त होकर निकल रहे हैं।

6. उनका मूल स्थान भी प्रेम था और अब वे प्रेम की ओर लौट भी रहे हैं।
   इसका मतलब यह है कि वे गुलिस्तान से चले थे और अब गुलिस्तान की ही ओर पहुँच रहे हैं।

58. मुर्दे बुदम ज़िन्दे शुदम

1. मुर्दे बुदम ज़िन्दे शुदम, गिरिये बुदम ख़न्दे शुदम–दौलते इश्क़ आमदो मन, दौलते पायन्दे शुदम।
2. दीदे ये सीर स्त मरा, जान् दिलीर स्त मरा–ज़ुह्रे ये शीर स्त मरा, ज़ुह्रे ये ताबन्दे शुदम।
3. गुफ़्त के दीवाने ने ई, लायक़े ईन् ख़ाने ने ई–रफ़्तम् ओ दीवाने शुदम, सिलसिले बन्दन्दे शुदम।

4. गुफ़्त कि तू मस्त ने ई, रौ कि अज़ीन् दस्त ने ई–रफ़्तम् ओ सरमस्त शुदम, अज़् तरब् आकन्दे शुदम।

5. गुफ़्त कि तू कुश्ते ने ई, दर तरब आग़श्ते ने ई–पीशे रुख़े ज़िन्देकुनश, कुश्ते ओ अफ़्कन्दे शुदम।

6. गुफ़्त कि तू ज़ीरककी, मस्ते ख़याली व शकी–गूल शुदम हूल शुदम, व,ज़ हमे बरकन्दे शुदम।
7. गुफ़्त कि तू शम्अ शुदी, क़िब्ले ये ईन् जम्अ शुदी–जम्अ नियम शम्अ नियम, दूदे पराकन्दे शुदम।

8. गुफ़्त कि शैख़ी व सरी, पीशरवो राहबरी–शैख़ नियम पीश नियम, अम्रे तो रा बन्दे शुदम।
9. गुफ़्त कि बा बालो परी, मन परो बाल–त न दहम–दर हवसे बाल् ओ पर–श, बी परो परकन्दे शुदम।
10 गुफ़्त मरा दौलते नौ, राह म रौ रञ्जे म शौ–ज़्,आन् कि मन् अज़ लुत्फ़् ओ करम सूये तो आयन्दे शुदम।

58. वह (गुरु) और मैं (शिष्य)

1. मैं मरा हुआ था—जी उठा, मैं चीत्कार था—उल्लास बन गया। मेरे पास प्रेम की पूँजी आ गई और मैं अविनश्वर राज्य बन गया।
2. मेरी आँखे तृप्त हो गई हैं, मेरे प्राण दिल वाले हो गए हैं। मेरा जिगर शेर का हो गया है, मैं शुक्र ग्रह की तरह चमकने लगा हूँ।
3. उस (मेरे प्रेमास्पद गुरु ने—) कहा कि तू अभी तक बावला नहीं हुआ है इसलिए अभी तू मेरे घर के लायक़ नहीं बन पाया है। बस, क्या था मैं पागल हो आया और अपने शरीर को ज़ञ्जीरों से जकड़ लिया।
4. उसने कहा—कि तू मस्त नहीं है, इसलिए भाग जा तू हमारी जमात में शामिल होने लायक़ नहीं है।
   बस, मैं सरमस्त हो आया और उत्सव से भरपूर हो गया।
5. उसने कहा कि तुम अभी मारे नहीं गए हो, आनन्दातिरेक से भरा नहीं है तुम्हारा अन्तर। बस क्या था, मैं उसके ज़िन्दा कर देने वाले मुखड़े के सामने क़त्ल हो आया।
6. उसने कहा—तुम तो बड़े पण्डिताऊ हो। विचारों और सन्देह में डूबे हुए हो। मैं नादान हो आया और सारे सिद्धान्तों से छूट गया।
7. उसने कहा कि तुम तो ख़ुद राह दिखाने वाले दिये हो गए हो। इतनी बड़ी भीड़ तुम्हारी पूजा करती है।
   नहीं, मैं अब दिया नहीं रहा, भीड़ भी नहीं रहा—धुआँ सा होकर बिखर गया।
8. उसने कहा—तू तो महन्त है, प्रमुख है, पेशवा है,मार्गदर्शक है। नहीं, अब मैं पण्डित नहीं रहा,पेशवा नहीं रहा, उसके हुक्म का ग़ुलाम हो गया।
9. उसने कहा—तुम्हारे पास अपने पंख और डैने हैं, मैं तुम्हें अपने वाले पंख और डैने नहीं दूंगा।
   बस, मैंने उसके पंखों के लोभ में अपने पंख कटवा लिए और असहाय हो गया।
10. उसने कहा मेरे पास ताज़ा दौलत है। अब भटकना और दुख झेलना बन्द करो। क्योंकि मैं करुणावश तुम्हारे पास आ चुका हूँ।

11 गुफ़्त मरा इश्क़े कुहन, अज़ बरे मा नक़्ल मकुन–गुफ़्तम आरी नकुनम, साकिनो बाशन्दे शुदम।
12. चश्म ए ख़ुर्शीद तु ई, सायागहे बीद मनम–चूंकि ज़दी बरसरे मन, पस्तो गुदाज़न्दे शुदम।
13. ताबिशे जान याफ़्त दिलम, वा शुदो बिश्काफ्त दिलम–अत्लसे नौ बाफ़्त दिलम, दुश्मने ईन जिन्दे शुदम।

14. सूरते जान वक्ते सहर, लाफ़ हमी ज़द ज़ बतर–बन्दे ओ ख़रबन्दे बुदम, शाह् ओ ख़ुदावन्दे शुदम।
15. शुक्र कुनद काग़ज़े तू, अज़ शकरे बी हदे तू–क्,आमद ऊ दर बरे मन, बा वै मानन्दे शुदम।
16. शुक्र कुनद ख़ाके दुजम, अज़ फ़लक् ओ चर्ख़ बे ख़म–कज़ नज़रो गर्दिशे ऊ, नूर पज़ीरन्दे शुदम।
17. शुक्र कुनद चर्ख़े फ़लक, अज़ मलिको मुल्को मलक–कज़ करमो बख़्शिशे ऊ, रौशन बख़्शन्दे शुदम।
18. शुक्र कुनद आरिफ़े हक़, कज़् हमे बुर्दीम सबक़–बर ज़बरे हफ़्त तबक़, अख़्तरे रख़्शन्दे शुदम।
19. ज़ुहे बुदम माह शुदम, चर्ख़े दो सद ताह शुदम–यूसुफ़ बूदम ज़ कनून, यूसुफ़ज़ायन्दे शुदम।

20. अज़् तो अम ऐ शोहे क़मर, दर मनो दर ख़ुद बिनगर–क,ज़ असरे ख़न्दे ए तो, गुल्शने ख़न्दन्दे शुदम।
21. बाश चु शतरञ्जे रवान्, ख़ामुशो ख़ुद जुम्ले ज़बान्–कज़् रुख़े आन् शाहे जहान्, फ़र्रुख़ो फ़र्ख़न्दे शुदम।

11. उसने कहा कि मेरे पास प्राचीनतम प्रेम है, अब तुम मेरे पास से न जाओ। मैंने कहा—ठीक है, नहीं जाऊँगा। मैं रुक गया और वहीं रह गया।
12. तू हज़ारों सूर्यों का स्रोत है और मैं बेंत के कुञ्जों की छाया। जब तू मेरे ऊपर बरसा मैं पस्त होकर पिघल गया।
13. मेरे हृदय को आत्मा की चमक मिल गई। मेरा हृदय खुल गया और खिल गया। मेरे हृदय ने मेरे लिए एक नया ही हृदय बुन दिया है। ये पुराने चिथड़े अब मेरे दुश्मन लग रहे हैं।
14. मेरे प्राण आज ही सुबह इतराते हुए कह रहे थे—मैं पहले दासों का भी दास था, और अब राजाओं का भी राजा बन गया हूं।
15. तुम्हारा आभार, कि तुमने मुझे अपनी किताब बनाकर उस पर शक्कर की इबारत लिख दी। तुम्हारी मधुरता ने मुझे गले लगाकर अपने जैसा बना लिया।
16. मेरी मुर्झाई ज़मीन तुम्हारे अनुकूल आसमान की आभारी है, जिसके दृष्टिपात से यह प्रकाश की पात्र हो गई।
17. आभारी है मेरा भाग्य चक्र समस्त संसार का, सारे देवों का और परमेश्वर का कि उसकी कृपा से मैं प्रकाशित तथा उदार बन गया।
18. आभारी हूँ, मैंने सचाई को पहचान लिया। सबको पीछे छोड़ दिया मैंने। मैं सातवें आसमान के सर पर चमकने वाला नक्षत्र बन गया।
19. मैं पहले शुक्र ग्रह था और अब परिपूर्ण चन्द्रमा हो गया। अकेला मैं दो सौ आकाशगंगाओं जैसा हो गया।

    अब तक मैं सिर्फ एक यूसुफ़ था और अब यूसुफ़ों को पैदा करने वाला बन गया।
20. हे सम्पूर्ण चन्द्र जैसी कीर्ति वाले, ज़रा मेरी और अपनी ओर एक बार देखो तो। तुम्हारी खिलखिलाहट की बदौलत मैं उपवन की तरह खिल गया हूँ।
21. शतरञ्ज की तरह शान्त मगर बोलती हुई चाल चलो—देखो कि मैं उस संसार सम्राट् के कृपा कटाक्ष से सौभाग्यशाली और आह्लादित हो गया।

59. जाह् ओ जमाले गुल

1. इमरूज़ रूज़े शादी ओ इमसाल साले गुल
   नीकू,स्त हाले मा कि निकू बाद हाले गुल
2. गुल रा मदद रसीद ज़ गुलज़ारे रू ए दूस्त
   ता चश्मे मा न बीनद दीगर ज़वाले गुल
3. मस्त–स्त चश्मे नर्गिसो ख़न्दान् दहाने बाग़
   अज़ कर्रो फ़र्रो रौनक़े लुत्फ़ो कमाले गुल
4. सौसन ज़बान् गुशूदे ओ गुफ़्ते बे गूशे सर्व
   असरारे इश्क़े बुलबुलो हुस्ने ख़िसाले गुल
5. जामे–दरान् रसीद गुल अज़ बह्रे दादे मा
   ज़्,आन् मी दरीम जामे बे बू ए विसाले गुल
6. गुल आन्–जहानी अस्त न गुंजद दर् ईन् जहान
   दर आलमे ख़याल चे गुंजद ख़याले गुल
7. गुल कीस्त ? क़ासिदी,स्त ज़ बुस्ताने अक़्लो जान
   गुल चीस्त ? रुक़्ए ई स्त ज़ जाह् ओ जमाले गुल
8. गीरीम दामने गुलो हमराहे गुल शवीम
   रक्सान् हमी रवीम बे अस्ल् ओ निहाले गुल
9. ज़िन्दे कुनन्द् ओ बाज़ परो बाले नौ दहन्द
   हर चन्द बर कनीद शुमा पर् ओ बाले गुल
10. ख़ामूश बाश् ओ लब म गुशा ख़ाजे ग़ुंचे–वार
    मी ख़न्द ज़ीरे लब तू बे ज़ीरे ज़ुलाले गुल

59. मोगरा फुलला[45]

1. आज का दिन बहुत ही ख़ुशी का दिन है और इस बार साल गुलों का साल है।
   हमने अपना हाल अच्छा कर रखा है ताकि उस गुल की हालत अच्छी रहे।
2. गुल को यार के मुखड़े के गुलजार से मदद मिली है।
   ताकि हमारी आँखों को गुल की जुदाई न देखनी पड़े।
3. नरगिस की आँखें मस्त हैं और बाग़ का चेहरा खिलखिला रहा है।
   यह सब गुल के जाहो-जलाल-लुत्फ़ और कमाल से हो रहा है।
4. सौसन[46] ने ज़बान खोलकर सर्व के कान में—
   बुलबुल के प्रेम के रहस्य और गुल के सरापा हुस्न का बखान किया।
5. गुल अपने कपड़े फाड़ता हुआ हम पर कृपा बरसाने आया।
   इसी नाते हम भी गुल से मिलने की इच्छा में अपने कपड़े फाड़ रहे हैं।
6. गुल उस जहान से वाबस्ता है। वह इस जहान में नहीं समा सकता।
   ख़यालों की दुनिया में गुल के ख़याल नहीं समा सकते।
7. गुल कौन है? अक्ल और रूह की दुनिया का डाकिया है।
   गुल क्या है? गुलज़ार के जाह (प्रतिष्ठा) और जमाल (सौन्दर्य) का चिट्ठा है।
8. हमें गुल का दामन पकड़कर गुल के साथ हो लेना चाहिये।
   और नाचते गाते गुल के असल की ओर चलना चाहिये।
9. पहले उसमें जान पड़ती है फिर उसे नए पंख मिलते हैं।
   चाहे जितना भी आप गुलों के परो बाल तोड़ डालें (उसको कोई हानि नहीं है।)
10. हे मित्र, कली की तरह खामोश हो जाओ और होठों को मत खोलो।
    गुल की परछाइयों के नीचे होठों होठों में ही मुस्कराओ।

---

45. मोगरा खिल उठा। (ज्ञानेश्वर महाराज)।
46. फूल की एक प्रजाति।

60. ऊ हमेजा,स्त

1. चू अज़् सर बेगीरम बुवद सरवर् ऊ
चू मन दिल बेजूयम बुवद दिलबर् ऊ॥

2. चू मन सुल्ह जूयम शफ़ीअ् ऊ बुवद
चू दर जंग आयम बुवद ख़ंजर ऊ

3. चू दर मज्लिस आयम शराब् अस्तो नुक़्ल
चू दर गुलशन् आयम् बुवद अब्हर् ऊ

4. चू दर कान रवम् ऊ अक़ीक़् अस्तो ला,ल
चू दर बह्र आयम बुवद गौहर् ऊ

5. चू दर दश्त आयम बुवद रौज़े ऊ
चू वा चर्ख़ आयम बुवद् अख़्तर् ऊ

6. चू दर सब्र आयम बुवद् सद्र ऊ
चू अज़ ग़म बेसूज़म बुवद मिज्मर् ऊ

7. चू दर रज़्म आयम बे वक़्ते क़िताल
बुवद सफ़ निगहदारो सर् लश्कर ऊ

8. चू नामे नवीसम् सुये दूस्तान
बुवद काग़ज़ो ख़ामे ओ मुज्मर् ऊ

9. चू बीदार गर्दम बुवद हूशे नौ
बेख़ाबम बेयायद बे ख़ाब अन्दर् ऊ

60. जेथे जातो तेथे तू माझा सांगाती[47]

1. मेरी सारी शुरुआतों को आगे ले जाने वाला वही है।
   जब भी मैं दिल टटोलता हूँ तो उसी को दिलबर पाता हूँ।

2. जब भी मैं शान्ति चाहता हूँ तो वह मध्यस्थ बन जाता है।
   जब मैं युद्ध के लिए तैयार होता हूँ तो मेरे हाथ का खंजर वही होता है।

3. महफ़िलों में मेरा शराब और मेरा नुक़्ल[48] वही है।
   जब मैं बाग़ में जाता हूँ तो वहाँ वही नरगिस और वही सौसन बन जाता है।

4. जब मैं खानों में जाता हूँ तो वह वहाँ मानिक और अक़ीक़ बन कर बैठा होता है।
   जब मैं समन्दर में ग़ोते लगाता हूँ तो वह वहाँ मोती बना हुआ होता है।

5. जंगलों में जब मैं जाता हूँ तो वहाँ बाग़ की सूरत में वही सोहता है।
   जब मैं ऊपर आसमान में जाता हूँ तो वही सितारा बन कर जगमगाता है।

6. जब मैं धीरज धरता हूँ तो वह मेरा हृदय बन जाता है।
   जब उसके विरह में अधीर होकर जलने लगता हूँ तो वह आतिशदान बन जाता है।

7. जंग और मार-काट के अवसरों पर वह सेनापति और सर-लश्कर बन जाता है।

8. जब मैं अपने मित्रों को पत्र लिखने चलता हूँ उस समय काग़ज़, क़लम और दवात सब वही बन जाता है।

9. जब मैं जागता हूँ तो मेरा अपूर्व चैतन्य वही होता है और जब मैं सोता हूँ तो मेरे सपनों में भी उसी का साम्राज्य होता है।

---

47. सन्त तुकाराम (जहाँ भी मैं जाता हूँ तू मेरा साथी होता है।)
48. शराब के साथ खाई जाने वाली वस्तु।

10. चू जूयम् बराये ग़ज़ल क़ाफ़िये
    बे ख़ातिर बुवद क़ाफ़िये-गुस्तर् ऊ

11. तु हर सूरती के मुसव्वर कुनी
    चू नक़्क़ाशो ख़ामे बुवद बर सर् ऊ

12. तू चन्दान् कि बरतर नज़र मी कुनी
    अज़ान् बरतरे तू बुवद् बरतर् ऊ

13. बोरो तर्के गुफ़्तारो दफ़्तर बेगू
    कि आन बेह कि बाशद तोरा दफ़्तर ऊ

10. जब मैं अपनी ग़ज़लों के लिए तुकबन्दियाँ ढूँढने चलता हूँ तो मेरे हृदय में तुकों को वही प्रकाशित करने लगता है।

11. तुम कोई भी चित्र अंकित करो वह चित्रकार और तूलिका की तरह सबसे ऊपर रहता है।

12. तुम कितनी भी बड़ी चीज़ की ओर दृष्टि डालो, तुम्हारी सभी बड़ी चीज़ों से भी बड़ा है वह।

13. चलो जाओ, बातें और किताबें दोनों को छोड़ दो। अगर वही तुम्हारी किताब बन जाये तो श्रेयस्कर है।

61. इश्क़् ओ सौदा मी कुशद

1. दुश्मने ख़ीशीम् ओ यारे आन् कि मारा मी कुशद
ग़र्क़े दर्या-ईम् ओ मा-रा मौजे दर्या मी कुशद

2. ज़्,आन् चुनीन् ख़न्दान् ओ ख़ुश मा जाने शीरीन् मी दहीम्
क्,आन् मलिक मा रा ब क़न्दो शह्द् ओ हल्वा मी कुशद

3. हम्चू इस्माईल गर्दन पीशे ख़ञ्जर ख़ुश बेनेह
दर् म दुज़्द अज़् वै गिलू गर मी कुशद ता मी कुशद

4. नीस्त इज़राईल रा दस्तो रही बर आशिक़ान्
आशिक़ाने इश्क़ रा हम इश्क़ो सौदा मी कुशद

5. कुश्तगान् नारेज़नान् 'या लैत क़ौमी या,लमून्'
ख़ुफिये सद जान् मी दहद दिलदार् ओ पैदा मी कुशद

6. हर यकी आशिक़ चू मन्सूरन्द ख़ुद रा मी कुशन्द
ग़ैरे आशिक़ वा नुमा की ख़ीश अम्दा मी कुशद

7. सद तक़ाज़ा मी कुनद हर रूज़ मर्दुम रा अजल
आशिक़े हक ख़ीश्तन रा बी तक़ाज़ा मी कुशद

8. बस कुनम या ख़ुद बेगूयम सिर्रे मर्गे आशिक़ान
गर्चे मुन्किर ख़ीश रा अज़ ख़श्म् ओ सुफ़्रा मी कुशद

9. शम्से तबरीज़ी बर् आमद बर उफ़ुक़ चून् आफ़ताब
शम्अ-हा ए अख़्तरान् रा बी महाबा मी कुशद

61. नेह किं वधः[49]

1. हम अपने दुश्मन हो गए हैं और उससे यारी कर ली है जो हमें क़त्ल करता है।
   हम समन्दर में डूब चुके हैं फिर भी समन्दर की लहरें हमें मार रही हैं।

2. हम इस तरह हँसी-खुशी अपनी जान गँवाने पर आमादा हैं, जानते हो क्यों?
   क्योंकि हमारा मालिक हमको हथियार से नहीं बल्कि मिस्री, शहद और हलवे से मारता है।

3. इस्माईल की तरह (अपनी) गर्दन उसकी ख़ंजर के आगे रख दो।
   उससे ज़रा भी गर्दन न चुराओ। अगर वह तुम्हें मारना चाहता है तो उसे बेशक मार डालने दो।

4. आशिक़ों को मारने या ज़िन्दा रखने का अधिकार मौत के दूत-इज़राईल को नहीं है।
   प्रेम के दीवानों को तो उनका इश्क़ और पागलपन ही मार डालता है।

5. क़त्ल होने वाले पुकार उठते हैं—"ऐ काश हमारे लोग जान पाते कि—
   वह प्रिय गुप्त रूप से तो सैकड़ों प्राण प्रदान करता है लेकिन बाहर से मारने का नाटक करता है।"

6. जितने भी प्रेमी होते हैं वे मंसूर की तरह अपनी हत्या खुद ही कर डालते हैं।
   प्रेमियों के अलावा और कौन है जो अपने आपको जान बूझ कर मार डाले?

7. मौत हर रोज़ लोगों से जान के लिए सैकड़ों तक़ाज़े करती है।
   जबकि सच्चे प्रेमी बिना माँगे ही अपनी जान दे देते हैं।

8. अब मैं चुप रहूँ, या प्रेमियों की मृत्यु का रहस्य बता दूँ।
   प्रेम से इन्कार करने वाला तो अपने आप को क्रोध और कुण्ठा से मार डालता है।

9. तबरेज़ प्रान्त के निवासी शम्स (शम्सुद्दीन तबरेज़ी) क्षितिज पर सूरज की तरह उग आए हैं। वे तारों के दियों को बेतकल्लुफ़ी से बुझा दे रहे हैं।

---

49. यह मारना क्या मारना नहीं है? (श्रीमद्भागवत—गोपीगीत 2)

62. कि हमचुनीन्

1. हर कि ज़े माह पुर्सद-त बाम बर् आ कि हमचुनीन्
   हर कि ज़े हूर पुर्सद-त रुख़ बिन्मा कि हमचुनीन्

2. हर कि परी तलब कुनद चेहे ए ख़ुद बिदू नुमा
   हर कि ज़े मुश्क दम ज़नद ज़ुल्फ़ गुशा कि हमचुनीन्

3. हर कि बिगूयद-त ज़े मह अब्र चेगूने वा शवद
   बाज़ गुशा गिरह गिरह, बन्दे क़बा कि हमचुनीन्

4. गर ज़ मसीह पुर्सद-त मुर्दे चिगूने जिन्दे कर्द
   बूसे बेदेह बे पीशे ऊ जाने मरा कि हमचुनीन्

5. हर कि बिगूयद-त बिगू मुर्दे ए इश्क़ चुन् बुवद
   अर्ज़े बेदेह बि पीशे ऊ जाने मरा कि हमचुनीन्

6. जान् ज़ बदन जुदा शवद बाज़ दर् आयद् अन्दरून
   हीन् बिनुमा बे मुन्किरान् ख़ाने दर् आ कि हमचुनीन्

7. गुफ़्तम बूये यूसुफ़ी चश्म चेगूने वा दहद
   चश्मे मरा नसीमे तो दाद ज़िया कि हमचुनीन्

62. इत्थम्भूतगुणो हरि:[50]

1. अगर कोई तुमसे पूछे कि परी कैसी होती है तो अपने मुखड़े को दिखा दो, कि ऐसी। अगर कोई तुमसे पूछे कि चाँद कैसा होता है तो छत पर आ जाओ और बताओ कि ऐसा।

2. जिसे भी अप्सरा देखने की इच्छा हो उसे अपने मुखमण्डल का दर्शन करा दो। और जब कोई पूछे कि कस्तूरी की गन्ध कैसी होती है तो अपनी जुल्फें खोल दो, कि इस तरह।

3. अगर किसी को यह जानने की आकांक्षा हो कि चन्द्रमा बादलों से किस तरह प्रकट होता है—
   तो अपने क़बा[51] के बन्धनों की गाँठों को धीरे धीरे खोल कर बताओ कि इस तरह।

4. अगर कोई ईसा मसीह के बारे में सन्देह करे कि वे मुर्दों को कैसे जिला देते थे— तो उसके सामने मेरे प्राणों को चुम्बन देकर साबित कर दो—इस तरह।

5. कोई भी अगर यह पूछे कि प्रेम का मारा कैसा होता है?
   तो उसको मुझे दिखाकर बता दो कि—वह इस तरह होता है।

6. "प्राण शरीर से अलग होने के बाद फिर से शरीर में आ जाते हैं"—
   मेरे घर में आओ ताकि नास्तिक भी विश्वास करने लग जाएँ—कि यह बात सही है।

7. मैंने आशंका की कि यूसुफ़ की सुगन्ध ने (याक़ूब की) आँखों को फिर से कैसे लौटा दिया होगा—
   तुम्हारी ओर से आने वाली हवा ने मेरी आँखों को रौशन कर दिया और कहा—
   ऐसा इस तरह हुआ!

---

50. श्रीमद्भागवत 1.7.10 (भगवान इस तरह हैं।)
51. ऐसा वस्त्र जिसमें सामने बटन लगे हुए हों।

63. संग् ओ मर्जान्

1. जुम्ले याराने तू संग–न्द् ओ तुई मर्जान् चेरा?
आसमान बा जुम्ले–गान जिस्म,स्त् ओ बा तू जान् चेरा?

2. चून् तू आई जुज़्व जुज़्व–म जुम्ले दस्तक मी ज़नद
चून् तू रफ़्ती जुम्ले उफ़्तादन्द दर अफ़ग़ान् चेरा?

3. बा ख़याल–त जुज़्व जुज़्व–म मी शवद ख़न्दान्–लबी
मी शवद बा दुश्मने तो मू बे मू दन्दान् चेरा?

4. तन हमी गूयद बे जान परहीज़ कुन अज़ इश्क़े ऊ
जान्–श मी गूयद हज़र अज़ चश्मे ए हैवान् चेरा?

5. रू ए तू पैग़ामबर ख़ूबी व हुस्न–त ईजद,स्त
जान् ब तो ईमान् नयारद बा चुनीन् बुर्हान् चेरा?

6. कू यकी बुर्हान कि आन् अज़ रूये तो रौशनतर,स्त
कफ़ नबुर्रद कुफ़्रहा ज़ीन् यूसुफ़े कन्आन् चेरा?

7. हर कुजा वीरान् बुवद आन् जा उमीदे गंज हस्त
गंजे हक़ रा मी न जूयी दर दिले वीरान् चेरा?

8. हर तराने अव्वली दारद दिला! ओ आख़िरी
बस कुन् आख़िर ईन् तराने नीस्त–श पायान् चेरा?

63. कथंकारं ब्रूम:[52]

1. तुम्हारे साथ के सारे लोग पत्थर की तरह हैं, केवल तुम मानिक हो, ऐसा क्यों?
   ये आसमान बाक़ी लोगों के साथ जड़ शरीर जैसा लगता है और तुम्हारे साथ जीवन्त आत्मा जैसा, ऐसा क्यों?

2. जब तुम आते हो, मेरे सब अंग प्रत्यंग दस्तक देने लगते हैं।
   जब तुम जाते हो तो ये सारे के सारे आहो ज़ारी में घिर जाते हैं, ऐसा क्यों?

3. तुम्हारी याद आते ही मेरे सारे अंग खिलखिलाने लगते हैं।
   जबकि तुम्हारे दुश्मनों को काट खाने के लिए मेरे रोएँ रोएँ दाँत क्यों बन जाते हैं?

4. शरीर प्राणों से कहता है—उसके प्यार से परहेज़ कर।
   प्राण पलट कर उससे कहते हैं—अमृत के स्रोत से बचना क्यों?

5. तुम्हारा सौन्दर्य परमेश्वर है और चेहरा उसकी ख़ूबियों का पैग़म्बर।
   इतने प्रमाणों के होते हुए भी मेरे प्राण तुम पर ईमान क्यों न ले आएँ, बताओ?

6. वह कौन सा प्रमाण होगा जो तुम्हारे चेहरे से अधिक प्रकट हो?
   इस चेहरे के यूसुफ़ को देखकर कुफ़्र अपने हाथ क्यों नहीं काट लेता?[53]

7. जहाँ कहीं भी वीरानी होती है वहीं ख़ज़ाने की उम्मीद होती है।
   तुम अपने वीरान दिल में भी ईश्वर का ख़ज़ाना क्यों नहीं ढूँढ़ते?

8. ऐ दिल, हर तराने का आरम्भ और समापन होता है।
   अब बस करो, आख़िर इस (इश्क़ के) तराने का अन्त क्यों नहीं है?

---

52. शंकराचार्य—सौन्दर्यलहरी 67 (कैसे कहें?)
53. यूसुफ़ के सौन्दर्य से मोहित होकर मिस्र की औरतों ने नारंगी की जगह अपने हाथ काट डाले थे

64. सद शबे क़द्र

1. चुनीन् शबहा शबे क़द्र–स्त मा रा
हिलाले दीगरान् बद्र–स्त मा रा

2. शबी का,न् दिलबरे–अय्यार बा मा,स्त
न यक शब, सद शबे क़द्र–स्त मा रा

3. बे गिर्दे मा हवादिस रह न दारद
फ़राग़ अज़ हादिसे दह्र–स्त मा रा

4. ज़ फ़क़्र् ओ फ़ाक़े मा रा आर न,आयद
कि आरे दीगरान् फ़ख़्र–स्त मा रा

5. बे ज़ीरे ख़िर्क़े अम ज़ुन्नारे कुफ़्र–स्त
बेदीन् शुह्रत बे हर शह्र–स्त मा रा

6. दुरी क,न्दर दो आलम मी न गुंजद
फ़तादे दर दिले बह्र–स्त मारा

7. बे हश्रे ख़ुद दरीन् आलम रसीदीम
चे फ़िक्रे महशर् ओ हश्र–स्त मा रा

8. बिशौ क़ाने, ज़ लुत्फ़ो इज़्ज़ते हक़
कि लुत्फ़े दीगरान् क़ह्र–स्त मा रा

64. जहँ प्रीतम गलबाँह[54]

1. इस तरह की (प्रिय के साथ वाली) रातें हमारे लिए क़द्र[55] की रातें हैं।
   (जिसमें) दूसरों के लिए जो दूज का चाँद है वह हमारे लिए पूनम का चाँद हो गया है।

2. इस रात, जबकि चंचल चितचोर हमारे साथ है।
   तो यह एक नहीं बल्कि सैकड़ों क़द्र की रात है।

3. अब हमारे इर्द गिर्द दुर्घटनाओं को रास्ता नहीं मिलता।
   हमारी दुनिया हादसों से परे हो गई है।

4. फ़क़ीरी और फ़ाक़े से हमें शर्म नहीं आती।
   क्योंकि जो चीज़ दूसरों के लिए लज्जास्पद है वह हमारे लिए गर्व की वस्तु है।

5. मेरे लबादे के नीचे कुफ़्र का जनेऊ छिपा हुआ है।
   और सारे शहर में मेरी धार्मिक के रूप में ख्याति हो रही है।

6. वह मोती जो तीनों लोकों में नहीं समाता।
   (वह) हमारे हृदय के समुद्र में आकर पड़ गया है।

7. हम इसी दुनिया में अपना अंजाम देख चुके हैं,
   हमें न्याय के दिन (क़यामत) और उसकी सज़ाओं की क्या फ़िक्र।

8. परमेश्वर की कृपा और महत्ता से सन्तुष्ट हो जाओ।
   उसके अलावा किसी दूसरे की अनुकम्पा हम लोगों के लिए अत्याचार की तरह है।

---

54. अहमद कवि।

55. इस्लाम में क़द्र की रात को 1000 रातों के बराबर माना जाता है। यह रमज़ान महीने की कोई अनिर्दिष्ट रात होती है। यह वही रात है जिसमें क़ुरान उतरा था।

65. साक़ी ए वुजूद

1. गुफ़्ती–शिकार गीरम, रफ़्ती शिकार गश्ती
   गुफ़्ती–क़रार याबम, ख़ुद बी क़रार गश्ती

2. ख़िज़्र–त चेरा न ख़ानम? क्,आबे हयात ख़ुर्दी
   पीश–त चेरा नमीरम? चून् यारे यार गश्ती

3. गिर्द–त चेरा न गर्दम? चून् ख़ाने ए ख़ुदा ई
   पाय–त चेरा न बूसम? चून् पायदार गश्ती

4. जाम–त चेरा न नूशम? चून् साक़ी ए वुजूदी
   नुक़्ल–त चेरा न चीनम? चून् क़न्दबार गश्ती

5. अकनून् तू शह्रयारी क्,ऊ रा ग़ुलाम गश्ती
   अकनून शिगर्फ़् ओ जुफ़्ती क्,अज़ ग़म नज़ार गश्ती

6. हम गुलशन–श बेदीदी सद गूने गुल बेचीदी
   हम सुम्बुल–श बेसूदी हम लाले–ज़ार गश्ती

65. रामग़ुलाम

1. तुमने कहा था—मैं शिकार करने जा रहा हूँ, पर गए और खुद शिकार हो आए।
   तुमने कहा था—मैं आराम की खोज में जा रहा हूँ, पर ख़ुद बे-क़रार हो आए।

2. तुम्हें प्राणनाथ क्यों न कहूँ? जब तुम प्राणामृत पीकर आए हुए हो।
   तुम्हारे सामने क्यों न मर जाऊँ? जब तुम मेरे प्रिय के भी प्रिय हो गए।

3. तुम्हारी परिक्रमा क्यों न करूँ? जब ईश्वर तुममें निवास करने लगा है।
   तुम्हारे पैरों का चुम्बन क्यों न ले लूँ? जब तुम्हारे पैर उसकी राह में जम गए हैं।

4. तुम्हारा जाम क्यों न पी लूँ? जब तुम अमरता की शराब बांटते हो।
   तुम्हारी मिठाइयाँ क्यों न खा लूँ? जब तुम मधुरता की वर्षा करते हो।

5. अब तुम राजाधिराज हो गए हो जबसे उसके ग़ुलाम बने हो।
   अब तुम हृष्ट पुष्ट हो गए हो जबसे उसके विरह में कृशकाय हो गए हो।

6. तुमने उसकी वाटिका का दर्शन भी किया, सैकड़ों तरह के फूल भी चुने।
   उसके गुलाबों को मसल कर ख़ुद भरे पूरे गुलिस्तान बन गए।

66. दिल बुर्दो निहान् शुद

1. हर लहज़े बे शक्ली बुते अय्यार बर आमद — दिल बुर्द् ओ निहान् शुद
हर दम ब लिबासे दिगर् आन् यार बर आमद — गह पीर् ओ जवान् शुद

2. गह नूह शुद् ओ कर्द जहानी बे दुआ ग़र्क़ — ख़ुद रफ़्त बे किश्ती
गह गश्त ख़लीलो बे दिले नार बरामद — आतश गुल् अज़् आन शुद

3. यूसुफ़ शुद् ओ अज़ मिस्र फ़रिस्ताद क़मीसी — रौशनगरे आलम
अज़ दीदे ए या,क़ूब चू अनवार बर आमद — ता दीदे अयान् शुद

4. हक़्क़ा कि हम् ऊ बूद कि अन्दर यदे बैज़ा — मी कर्द शबानी
दर चूब शुद् ओ बर सिफ़ते मार बरामद — ज़्,आन् फ़ख्रे कियान् शुद

5. मी गश्त दमी चन्द बर् ईन् रू ए ज़मीन् ऊ — अज़ बह्रे तफ़र्रुज
ईसा शुद् ओ बर गुम्बदे दव्वार बर आमद — तस्बीह–कुनान् शुद

66. यस्मिन्निदं यतश्चेदं येनेदं य इदं स्वयम्[56]

1. वह चालाक महबूब हर बार एक अलग ही शक्ल में प्रकट हुआ और दिल चुराकर छिप गया।
   वह मा,शूक़ हमेशा दूसरों के लिबास में आया किया कभी बूढ़ा तो कभी जवान बनकर।

2. कभी तो उसने नूह[57] बनकर सारी दुनिया को अपनी दुआओं में डुबो दिया— और ख़ुद नाव पर बैठ गया।
   और, कभी इब्राहीम बन कर उसने आग के बीच प्रवेश किया—उसके प्रभाव से आग फूल बन गई।

3. कभी वह यूसुफ़ बना और मिस्त्र से अपनी कमीज़ भेजी—वह संसार को आलोकित करने वाला—
   —या,क़ूब की आँखो से नूर की तरह बाहर निकल आया—जिससे आँखें रौशन हो सकीं।

4. सही में वही था जो कि सफ़ेद हाथों से भेड़ों की चरवाही किया करता था।
   वही लकड़ी में प्रविष्ट होकर साँप बन कर निकल आया इसके नाते राजाओं के लिए भी प्रतिष्ठा का विषय बन गया।

5. वही कुछ क्षणों के लिए इस धरती पर आया था सैर के लिए—
   वही ईसा था और इस भ्रमणशील आकाश पर माला फेरते हुए आया।

---

56. यह संसार जिसमें है, जिससे पैदा हुआ है, जिसके द्वारा अस्तित्वमान् है,जो स्वयं संसार रूप है—परमेश्वर (श्रीमद्भागवत 8.3.3)।

57. महाप्रलय झेलने वाला पैग़म्बर।

6. बिल् जुम्ले हम् ऊ बूद कि मी आमद् ओ मी रफ़्त हर क़र्न कि दीदी
ता आक़िबत् आन् शक्ले अरबवार बर आमद दारा ए जहान् शुद

7. नै नै कि हमू बूद कि मी गुफ़्त अनल्हक़ दर सौते इलाही
मन्सूर नबूद आन् कि बरान् दार बरामद नादान् बे गुमान् शुद

8. ख़ुद कूज़े व खुद कूज़ेगरो ख़ुद गिले कूज़े खुद रिन्दे सुबूकश
ख़ुद बर सरे ऑन् कूज़े ख़रीदार बर् आमद बिश्कस्त् ओ रवान् शुद

9. रूमी सुख़ने कुफ़्र न गुफ़्ते,स्त न गूयद मुन्किर म शवीद–श
काफ़िर बुवद् आन् कस कि बे इनकार बर् आमद अज़ दूज़ख़ियान् शुद

6. सारांश यह कि वह एक ही था जो नबी (पैगम्बर) बनकर आता और जाता रहता था,जिस भी युग में तुमने देखा।
जब तक कि वह अरबों की शक्ल में न आया— और संसार का अधिपति न बन गया।

7. लेकिन यह वह नहीं था जो कि ईश्वरीय लगने वाली आवाज़ में अहं ब्रह्मास्मि कह रहा था।
मंसूर वह नहीं था जो कि फाँसी के तख्ते पर लटकाया गया—वह अल्पज्ञ तो भ्रम में पड़ गया था।

8. वह स्वयं ही घड़ा था, स्वयं ही कुम्भकार था, स्वयं ही घड़े की मिट्टी था, घड़े में शराब पीने वाला भी वह स्वयं ही था।
उस घड़े का ख़रीदार बनकर ख़रीदने भी वही आया था और अन्त में उसे तोड़कर चल भी वही निकला।

9. रूमी ने कुफ़्र की बातें न तो कभी की हैं न अभी करता है उसकी बातों का इनकार न करो।
काफ़िर तो वह होता है जो इनकार पर उतर आता है, वह नारकी होता है।

67. मन् ओ तू

1. ख़ुनक् आन दम कि नशीनीम दर् ऐवान् मन् ओ तू
   बे दो नक़्शो बे दो सूरत बे यकी जान मन् ओ तू

2. दादे बाग़ो दमे मुर्ग़ान् बेदहद आबे हयात
   आन ज़मानी कि दर् आयीम बे बुस्तान् मन् ओ तू

3. अख़्तराने फ़लक् आयन्द बे नज़्ज़ारे ए मा
   महे ख़ुद रा बेनुमाईम बेदीशान् मन् ओ तू

4. मन् ओ तू बी मन् ओ तू जम्अ शवीम् अज़ सरे ज़ौक़
   ख़ुश् ओ फ़ारिग़ ज़ ख़ुराफ़ाते परीशान् मन् ओ तू

5. तूतियाने फ़लकी जुम्ले शकरख़ार शवन्द
   दर मुक़ामी कि बख़न्दीम बेदान्सान् मन् ओ तू

67. अहं च त्वं च वृत्रहन्[58]

1. धन्य होता है वह क्षण जब एक महल में साथ बैठते हैं—मैं और तुम।
   दो शरीरों, दो सूरतों और एक जान वाले—मैं और तुम।

2. बाग़ की जान और चिड़ियों की सांसें अमृत का सिञ्चन करने लगती हैं।
   उस समय जबकि बाग़ में दाखिल होते हैं—मैं और तुम।

3. फलक के सारे सितारे हमारा दर्शन करने आते हैं—
   जब अपने मुखचन्द्र का दर्शन कराते हैं—मैं और तुम।

4. मैं और तुम मैं और तुम से अलग होकर आनन्द में मग्न—
   प्रसन्न हो रहे हैं। सारे उपद्रवों से दूर—मैं और तुम।

5. स्वर्ग के सारे तोते शक्कर चुगने वाले हो जाते हैं।
   जिस जगह और जिस समय वह मधुर हँसी हँसते हैं—मैं और तुम?

---

58. तैत्तिरीयसंहिता 7.4.15 (मैं और तुम, हे इन्द्र!)

68. ज़ मै ख़ुशदिलतर

1. आरिफ़ान् रा शम्अ ओ शाहिद नीस्त अज़ बीरूने ख़ोश
   ख़ूने अंगूरी न ख़ुर्दे बादे-शान् हम ख़ूने ख़ीश

2. हर कसी अन्दर जहान मजनूने लैली ई शुदन्द
   आरिफ़ान् लैली ए ख़ीशो दम बे दम मजनूने ख़ीश

3. साअती मीज़ाने आन्-ई साअती मौज़ूने ईन
   बाद अज़् ईन् मीज़ाने ख़ुद शौ ता शवी मौज़ूने ख़ीश

4. गर तू फ़िरऔने मनी अज़ मिस्रे तन बीरून् कुनी
   दर दरून हाली बेबीनी मूसी ओ फ़िरऔने ख़ीश

5. लंगरी अज़ गंजे मादून् बस्ते ई बर पा ए जान
   ता फ़ुरूतर मी रवी हर रूज़ बा क़ारूने ख़ीश

6. ज़्,ईन् सिपस मारा मगू चूनी व अज़ चून् दर गुज़र
   चून् ज़े चूनी दम ज़नद आन् कस कि शुद बी चूने ख़ीश

7. बादे ग़मख़ारान् ख़ुरन्दो मा ज़े मै ख़ुशदिलतर्-ईम
   रौ बे महबूसाने ग़म देह साक़िया अफ़्यूने ख़ीश

68. यस्त्वात्मरतिरेव स्यात्[59]

1. ज्ञानियों का चिराग़ और उनके मा,शूक़ उनसे बाहर नहीं होते हैं।
उनकी शराब अंगूर के ख़ून (रस) से नहीं बल्कि उनके अपने ख़ून से बनी हुई होती है।

2. संसार में लोग लैलाओं के पीछे मजनूँ (पागल) बने रहते हैं।
ज्ञानी लोग अपनी लैला ख़ुद होते हैं जिसके पीछे वे निरन्तर मजनूँ (जुनून वाले) बने रहते हैं।

3. कभी तुम इसके लिए तराजू बन जाते हो और कभी उसके लिए।
अब के बाद ख़ुद अपने लिए तराजू बन जाओ ताकि अपने साथ सन्तुलित हो सको।

4. अगर तुम अहंकार रूपी फ़िरऔन को शरीर रूपी मिस्र से दूर कर पाओ।
उस समय तुम अपने अन्दर अपने मूसा और फ़िरऔन दोनों को देख पाओगे।

5. तुमने अपनी आत्मा के पैरों पर खानों से निकले खज़ानों का लंगर बाँध रखा है।
यहाँ तक कि तुम हर रोज़ कारूँ[60] के साथ पतन को प्राप्त हो रहे हो, ऐसा क्यों।

6. आज के बाद मुझसे मत पूछना कि तुम कैसे हो, या कि इस परिस्थिति से दूर हो जाओ।
क्योंकि, वह व्यक्ति जो सारी परिस्थितियों से दूर हो गया वह किसी भी परिस्थिति के बारे में कोई चर्चा कैसे कर सकता है?

7. शराब तो ग़म के मारे पीते हैं। हमारा हृदय तो शराब से भी अधिक प्रसन्न हो गया है।
ऐ साक़ी, जा अपनी इस अफ़ीम (= शराब) को उन्हें दे जो दुर्भाग्य के कारागार में बन्दी हैं।

---

59. श्रीमद्‌भगवद्‌गीता 3.17 (वह, जो अपने में रमण करने वाला होता है— ।)

60. एक लोभी बादशाह जो अपनी सम्पत्ति के साथ ज़मीन में धँस गया।

8. ख़ूने मा बर ग़म हरामो ख़ूने ग़म बर मा हलाल
हर ग़मी कू गिर्दे मा गर्दीद शुद दर ख़ूने ख़्वीश

9. बादे गुलगूने,स्त बर रुख़सारे बीमाराने ग़म
मा ख़ुश् अज़ रंगे ख़ुद्-ईम् ओ चेह्रे ए गुलगूने ख़्वीश

10. मन नि-अम मौक़ूफ़े नफ़्ख़े सूर हमचू मुर्दगान्
हर ज़मान-म इश्क़ जानी मी दिहद ज़् अफ़्सूने ख़्वीश

11. दी मुनज्जिम गुफ़्त-''दीदम ताले ई दारी तू सा,द''
गुफ़्तमश-''आरी, वलीक अज़ माहे रूज़-अफ़ज़ूने ख़्वीश''

12. मह की बाशद बा महे मा क,ज़ जमाल् ओ तालेअ-श
नह्से अक्बर सा,दे अक्बर गश्त बर गर्दूने ख़्वीश

8. दुख के लिए हमारा ख़ून हराम है जबकि ग़म का ख़ून हमारे लिए हलाल है। जो भी दुख हमारे निकट फटकता है मानो वह अपनी हत्या करवाने की ग़रज़ से आता है।

9. शराब दुख से बीमार लोगों के चेहरे को रंगीन करता है।
हम तो अपने फूलों जैसे चेहरे लिए हुए अपने ही रंग से सुन्दर लगने वाले लोग हैं।

10. मैं पुनर्जीवित होने के लिए सूरे-इसराफ़ील[61] का मुँह नहीं ताकता।
प्रेम अपने जादू से हर क्षण मुझमें प्राण फूँकता रहता है।

11. कल ज्योतिषी ने मुझसे कहा—मैंने देखा तुम्हारा भाग्य बहुत ही शुभ है।
मैंने उससे कहा—हाँ, लेकिन मेरा यह भाग्य मेरे उस चाँद जैसे महबूब के नाते है जो हर दिन बढ़ता रहता है।

12. आसमान का चाँद मेरे चाँद (= प्रिय) की बराबरी कैसे कर सकता है, जिसके सौन्दर्य और प्राकट्य के कारण, आकाशमण्डल की अशुभतम परिस्थितियाँ भी शुभ हो गईं है।

61. इस्लामी विश्वास के अनुसार क़यामत के दिन इस्राफ़ील नामक देवदूत ईश्वर की आज्ञा से नरसिंहे जैसा एक वाद्य (सूर) बजाएगा जिससे सभी मृत आत्माएँ क़ब्रों से उठ खड़ी होंगी और हिसाब किताब शुरू होगा।

69. शह्दे बी-ज़म्बूर

1. पीश् अज़ आन् क,न्दर जहान बाग़ो मय् ओ अंगूर बूद
अज़ शराबे ला यज़ाली जाने मा मख़मूर बूद

2. मा बे बग़दादे जहान जाने "अन,ल् हक़" मी ज़दीम
पीश् अज़ान् की,न् दारो गीरो नुक्ते ए मंसूर बूद

3. पीश अज़ान् कीन् नफ़्से कुल दर आबो गिल मे,मार शुद
दर ख़राबाते हक़ायक़ ऐशे मा मा,मूर बूद

4. जाने मा हमचून् जहान् बुद जामे जान् चून् आफ़ताब
अज़ शराबे जान् जहान् ता गर्दन् अन्दर नूर बूद

5. साक़िया ईन् मीज़बाने आबो गिल रा मस्त कुन
ता बेदानद हर यकी कू अज़ चे दौलत दूर बूद

6. जान फ़दा ए साक़ी ई क,ज़ राहे जान् दर मी रसद
ता बर् अन्दाज़द निक़ाब अज़ हर ची आन् मस्तूर बूद

7. मा दहान् हा बाज़ मान्दे पीशे आन् साक़ी क,जू
ख़ुम्र हा ए बी ख़ुमारो शह्दे बी ज़म्बूर बूद

8. या दहाने मा बेगीर ऐ साक़ी वर्ना फ़ाश शुद
आन चि दर हफ्तुम ज़मीन् चून् गंजहा गंजूर बूद

9. शह्रे तबरीज़ अर ख़बर दारी बेगू आन् अह्द रा
ऑन् ज़मान् के शम्से दीन बी शम्से दीन् मशहूर बूद

69. न त्वेवाहं जातु नासम्[62]

1. इस संसार में बाग़, शराब या अंगूर की पैदाइश के भी बहुत पहले—
हमारी आत्मा अविनश्वर शराब से मस्त थी।

2. हमने ही संसार रूपी बग़दाद शहर में "अहं ब्रह्मास्मि" का प्राणपूर्ण नारा दिया था।
यह सब हमने मंसूर की धर-पकड़ से बहुत पहले ही कर लिया था।

3. इससे पहले कि परमेश्वर मिट्टी और पानी से दुनिया की इमारत बना रहा था।
हमारा आह्लाद उस समय भी ऐश्वर्य की मद्यशाला में व्यस्त था।

4. हमारी आत्मा संसार की तरह थी और प्राणों का प्याला सूरज की तरह था।
प्राणों की शराब से संसार गर्दन तक प्रकाशित हो उठा था।

5. ऐ साक़ी, इस मिट्टी और पानी के मेज़बान (= भौतिक जगत्) को मस्त कर दे।
ताकि हर कोई जान सके कि वह आज तक किस सम्पत्ति से वञ्चित था।

6. मेरे प्राण उस साक़ी पर निछावर हो जायें जो प्राणों के रास्ते दरवाज़े पर दस्तक देता है।
ताकि वह हर उस चीज़ से पर्दा उठा दे जो छिपी हुई है।

7. हम उस साक़ी के सामने सरापा खुले हुए मुँह बन गए, जिसके नाते—
सारी शराबें सरदर्द की आशंका से दूर और सारे शहद मधुमक्खियों के आतंक से रहित हो गए।

8. ऐ साक़ी, हमारी ज़बान पकड़ ले, वर्ना फ़ाश हो गया समझ—
—उस ख़ज़ाने के राज़ को, जो सातवें आसमान पर छिपा हुआ है।

9. ऐ तबरेज़ शहर, अगर तुम्हें पता है तो उस युग के बारे में कुछ कहो।
जब शम्से दीन शम्से दीन (शम्स तबरेज़ी) के बिना मशहूर थे।

---

62. श्रीमद्भगवद्गीता 2.12 (हम और बाक़ी लोग हमेशा से रहे हैं।)

70. दर कार हुशियार

1. मन खुफ्तेवश–म अम्मा बस आगहो बीदार–म
हर चन्द के बीहूशम् दर कारे तो हुश्यार–म

2. बा शीरे फिशारानत अन्दर चरशे इश्क–म
पाय् अज़ पये आन् कूबम क्, अंगूरे तो अफ्शारम

3. तो पाय् हमी बीनी अंगूर नमी बीनी
बिस्तान् कदही शीरे दर्याब के उस्सार–म

4. ज़ी'न् बादे नगर्दद सर ज़ी'न शीरे नशूरद दिल
हीन चाशनीई बिस्तान जीन् बादे के मन दारम

5. दामी के दर उफ्तादी बिन्गार सुये दाम–अफ्कन
ता नाज़िरे हक़ बाशी ऐ मुर्गे गिरिफ्तार–म

6. दाम अर तके चह बाशद फिर्दौस कुनद हक़्क़–श
व,र ख़ारो ख़सक बाशद हक़ साज़द गुलज़ार–म

70. नव्हे दीसतो मी तैसा[63]

1. मैं सोए हुए की तरह लग ज़रूर सकता हूँ लेकिन बहुत ही आगाह और जगा हुआ हूँ।
अगर्चे मैं बेहोश हूँ लेकिन तुम्हारे काम में होशियार हूँ।

2. तुम्हारे रस निकालने वालों के साथ इश्क़ की चरागाह में हूँ।
मैं अपने पैरों को (नृत्य के समय) इसलिए पटकता हूँ कि तुम्हारे अंगूर से रस निचोड़ सकूँ।

3. तुम मेरे पैरों को देखते हो, अंगूर को नहीं देखते।
अरे, मुझसे एक प्याला भर लो, मैं सर से पैर तक रस ही रस हूँ।

4. मेरी वाली शराब सर में चक्कर पैदा नहीं करती।
जो शराब मेरे पास है उसकी चाशनी से थोड़ा सा चख लो!

5. जिस जाल में तुम फँसे हुए हो उस जाल को फैलाने वाले की ओर भी निगाह करो।
ताकि ऐ मेरे बन्दी पंछी, तुम सच्चाई को जान पाओ।

6. यह जाल अगर नरक भी हुआ तो भी परमेश्वर उसे स्वर्ग में बदल देगा।
और अगर जाल काँटे और फूस का भी हुआ तो भी वह उसे गुलज़ार बना देगा।

---

63. जैसा मैं दीखता हूँ, वैसा हूँ नहीं। (सन्त तुकाराम)

71. कज् ओ रास्त

1. हीन् कज् ओ रास्त मी रवी बाज़ चे ख़ुर्दे ई बेगू
मस्त् ओ ख़राब मी रवी ख़ाने बे ख़ाने कू बे कू

2. बा की हरीफ़ बूदे ई बूसे ज़ की रबूदे ई
ज़ुल्फ़ के-रा गुशूदे ई हल्क़े ब हल्क़े मू बे मू

3. नै तू हरीफे कै कुनी ऐ हमे चश्मे रौशनी!
ख़ुफ़िये रवी चू माहियान् हौज़ बे हौज़ जू बे जू

4. रास्त बेगू बे जाने तो ऐ दिलो जानम् आने तो
ऐ दिले हमचू शीशे अम ख़ुर्दे मय-त कदू कदू

5. रास्त बेगू निहान् मकुन पुश्त बे आशिक़ान् मकुन
चश्मे कुजा,स्त ता कि मन आब कशम सुबू सुबू

6. दर तलबम ख़याले तू दूश मियाने अंजुमन
मी न शिनाख़्त बन्दे रा मी निगरी,स्त रू बे रू

7. चून् बेशिनाख़्त बन्दे रा बन्दे ए कज-रवन्दे रा
गुफ़्त-बिया बे ख़ाने है चन्द रवी तू सू बे सू

71. प्रेम मद छाके पग परत कहाँ के कहाँ*

1. यह जो तुम राह पर टेढ़े मेढ़े चल रहे हो, बताओ—फिर तुमने क्या पी लिया है—
कि बदमस्त होकर घर-घर और गली-गली घूम रहे हो।

2. किससे बातें हो गई हैं तुम्हारी? किसको चोरी से चूम लिया है तुमने?
किसकी ज़ुल्फ़ों के गिरह-गिरह, बाल-बाल खोल पाए हो तुम?

3. ऐ हर आँखों की रौशनी! तुम किसी को भी अपना हमकलाम नहीं बनाते, क्यों?
क्यों मछलियों की तरह चुपके से हर हौज़ और हर सोते से गुज़र जाते हो?

4. मेरा दिल और मेरी जान दोनों तुम्हारी सम्पत्ति हैं, तुम्हारी जान की क़सम, इन बातों का सही उत्तर दो।
मेरे शीशे जैसे दिल ने तुम्हारी शराब को कदू-कदू (कमण्डल भर भर के) पी लिया है।

5. सही बोलो, मुझसे मत छिपाओ। अपने आशिकों की ओर पीठ करके मुँह मत छिपाओ।
वह जीवन का स्रोत कहाँ है, जिससे मैं भी प्याला भर भर कर रस पी सकूँ?

6. कल रात तुम्हारा ख़याल भरी महफ़िल में मुझे खोज रहा था।
अजीब है कि मैं उसके रू-ब-रू था फ़िर भी वह मुझ बन्दे को पहचान नहीं पा रहा था।

7. जब उसने टेढ़ी चाल वाले मुझ बन्दे को देखा—
तो कह उठा कि—ऐ सुनो, घर चलो! कब तक तुम किनारे किनारे से बच के निकलते रहोगे?

---

* उद्धव शतक—रत्नाकर

8. उम्रे तो रफ़्त दर सफ़र बा बद् ओ नीक् ओ ख़ैरो शर
हमचू ज़नाने ख़ीरे-सर हुज्रे बे हुज्रे शू बे शू

9. गुफ़्तम-श् ऐ रसूले जान! ऐ सबबे नुज़ूले जान!
ज़्,आन् कि तू ख़ुर्दे ई बदेह चन्द इताब् ओ गुफ्तगू

10. गुफ़्त शरारे ई अज़् आन गर बेबरी सू ए दहान
हल्क़् ओ दहान बसूज़द-त बांग ज़नी गिलू गिलू

11. लुक़्मे ए हर ख़ुरन्दे रा दरख़ुरे ऊ दहद ख़ुदा
आन्-चे गिलू बेगीरद-त हिर्स मकुन मजू मजू

12. गुफ्तम कू शराबे जान, ऐ दिल् ओ जान फ़दा ए तो!
मन नियम् अज़ शुतुरदिलान ता बेरमम बे हायो हू

13. खामुश बाश् ओ मो,तमद महरमे राज़े नीको बद
आन् कि नयाज़मूदी-अश राज़ मगू बे पीशे ऊ

8. तुम्हारी सारी उम्र अच्छे-बुरे, दुष्ट-सज्जनों के साथ सफर में ही बीत गई—जैसे भ्रमित औरतें—एक कमरे से दूसरे कमरे, एक पति से दूसरे पति तक घूमती रहती हैं।

9. मैंने उससे कहा—ऐ आत्मा के सन्देशवाहक! ऐ प्राणों के प्राकट्य के कारण! तुमने जो शराब पी रखी है, उसमें से थोड़ा मुझे भी दो ना! इतनी बहानेबाज़ी और क्रोध आख़िर कब तक?

10. उसने सावधान किया—अगर इस शराब के एक शोले को भी तुमने अपने मुँह में लिया—
तो तुम्हारा मुँह और गला दोनों जल जाएँगे और तुम चिल्लाने लगोगे—हाय मेरा गला! हाय मेरा गला!

11. जो जिस तरह की भी ख़ुराक का अधिकारी होता है ईश्वर उसे वह दे देता है। वह चीज़ जो तुम्हारा गला पकड़ ले उसकी अभिलाषा मत करो। उसकी खोज मत करो, मत करो।

12. मैंने कहा—मेरा हृदय और प्राण दोनों तुम पर न्यौछावर हैं, बताओ वह प्राणप्रद शराब कहाँ है।
मैं उन बुज़दिलों में से नहीं हूँ जो कि हाय हाय का कोलाहल सुन कर मैदान छोड़ दूँ।

13. अच्छे और बुरे सभी लोगों के रहस्यों से वाक़िफ़ रहकर मौन धारण किए रहो और विश्वास से भरे हुए।
लेकिन जिसको तुमने ठीक से आज़माया न हो उसके आगे रहस्य का उद्घाटन न करो।

72. हज़ारान् चंगे दीगर

1. तु बिशकन चंगे मा-रा ऐ मुअल्ला
   हज़ारान चंगे दीगर हस्त ईन्-जा

2. चू मा दर चंगे इश्क़ अन्दर फ़तादीम
   चे कम आयद बरे मा चंग् ओ सुर्ना

3. रबाबो चंगे आलम गर बेसूज़द
   बसी चंगी-ए-पिनहानी-स्त यारा

4. तरंग् ओ तन्तन-श रफ़्ता बे गर्दून्
   अगर्चे नायद्-आन् दर गूशे सम्मा

5. चराग़े शम्मे आलम गर बेमीरद
   चे ग़म चून् शम्मो आहन हस्त बर जा

6. बे रूये बह्रे ख़ाशाक अस्त अग़ानी
   नियायद गौहरी बर रूये दरिया

7. व,लीकन लुत्फ़े ख़ाशाक अज़ गुहर दान्
   के अक्से अक्से बर्क़े ऊस्त बर मा

8. दहान् बर बन्द् ओ बुग्शा रौज़ने दिल
   अज़् आन रह बाश बा अर्वाह गूया

72. अनहद बाजा अन्तर बाजे

1. ऐ बड़े आदमी ! तू अगर मेरा चंग (बाजा) तोड़ भी डाले, तो भी इससे मुझे कोई नुक़सान नहीं होगा।
   क्योंकि मेरे अन्दर हज़ारों और भी चंग मौजूद हैं।

2. जब हम प्रेम के चंग (चंगुल) में फँस चुके हैं।
   तो हमारे सीने में चंग और सुर्ना[64] की क्या कमी हो सकती है?

3. ऐ दोस्त, अगर संसार भर के चंग और रुबाब जल भी जाएँ।
   तो भी हमें कोई अन्तर नहीं पड़ेगा। क्योंकि हम अपने हृदय में बहुत से चंग छिपाए हुए हैं।

4. मेरे हृदय के उन वाद्यों की तरंगें और तन्तनन की ध्वनि आसमानों तक पहुँच चुकी है।
   यह बात और है कि वह ध्वनि तुम लोगों के बाहरी बातों में फँसे कानों तक नहीं पहुँच रही है।

5. संसार भर के दिये और चिराग़ अगर बुझ भी जाएँ।
   तो भी क्या परेशानी, जबकि हमारा आहनी चराग़ उसी तरह अपनी जगह पर क़ायम है।

6. हल्के-हल्के तिनके समुद्र के ऊपर आ जाते हैं।
   लेकिन आबदार मोती समुद्र के ऊपर कभी नहीं आता।

7. लोग समुद्र के तिनकों को भी मोतियों के कारण सह लेते हैं।
   इसी तरह महबूब की चमक का प्रतिबिम्ब हम लोगों पर प्रतिबिम्बित है।

8. अपना मुँह बन्द कर लो, और दिल के झरोखे को खोल लो।
   और उस दिल के झरोखे से सारी आत्माओं के साथ संवाद करो।

---

64. एक तरह का ईरानी सुषिर वाद्य

73. आवाज़े दिल ज़् आवाज़े गिल

1. ऐ आशिक़ान्! ऐ आशिक़ान्!! आन कस कि बीनद रू ए ऊ
शूरीदे गर्दद अक़्ले ऊ, आशुफ़्ते गर्दद ख़ू ए ऊ

2. माशूक़ रा जूयान शवद दुक्काने ऊ वीरान् शवद
बर रू व सर पूयान शवद चून् आब अन्दर जू ए ऊ

3. दर इश्क़ चून् मज्नून् शवद सरगश्ते चून् गर्दून शवद
आन् कू चुनीन् रंजूर शुद नायाफ़्त शुद दारू ए ऊ

4. जाने मलक सज्दे कुनद आन रा कि हक़ रा ख़ाक शुद
तुर्के फ़लक चाकर शवद आन रा कि शुद हिन्दू ए ऊ

5. ऐ माह रूय-श दीदे ई? ख़ूबी अज़् ऊ दुज़्दीदे ई?
ऐ शब तू जुल्फ़-श दीदे ई? नै नै व नै यक मू ए ऊ

6. दानद दिले हर पाक दिल आवाज़े दिल ज़् आवाज़े गिल
ग़ुर्रीदने शीर् अस्त ईन दर सूरते आहू ए ऊ

73. महिमा आवडीची[65]

1. ऐ आशिक़ो! ऐ आशिक़ो!! जो कोई भी उस (प्रिय) के चेहरे को देख लेता है।
उसकी बुद्धि ख़राब हो जाती है—उसका स्वभाव अस्त-व्यस्त हो जाता है।

2. वह अपने प्रेमास्पद को ढूँढ़ने लगता है, उसकी दुकान लुट जाती है।
वह उस प्रवाह में जल की तरह आदि से अन्त तक व्याप्त हो जाता है।

3. वह प्रेम में मतवाला हो जाता है, और सात आसमानों की तरह चक्कर खाता रहता है।
जिसको ऐसा वाला रोग लग जाता है उसको दवा नहीं मिलती।

4. जिसका अस्तित्व ईश्वर के मार्ग में ख़ाक हो गया होता है, देवदूतों के प्राण उसे दण्डवत् प्रणाम करते हैं।
जो ईश्वर का हिन्दू (ग़ुलाम) हो गया, ब्रह्माण्ड रूपी तुर्क (स्वामी) उसकी सेवा करने लग जाता है।

5. ऐ चाँद! क्या तुमने उसका चेहरा देखा है? कहीं यह ख़ूबसूरती तुमने उसी से तो नहीं चुराई?
ऐ रात! क्या तुमने उसके जुल्फ़ों को देखा है? अरे नहीं, नहीं—तुमने तो उसका एक बाल भी नहीं देखा होगा।

6. हर शुद्ध-हृदय व्यक्ति का हृदय मिट्टी से उठने वाले इस हृदय की आवाज़ को जानता है।
यह उसके हिरन जैसी सूरत से शेर जैसी गुर्राहट है।

---

65. प्रेम की महिमा। (सन्त तुकाराम)

7. ईन इश्क़ शुद मिहमाने मन ज़ख़्मी बेज़द बर जाने मन
सद रहमतो सद आफ़रीन बर दस्तो बर बाज़ू ए ऊ

8. मन चन्द गुफ़्तम हाय दिल! ख़ामूश अज़् ईन सौदा ए दिल
सूद-श नदारद हाये मन चून बिश्नवद दिल हू ए ऊ

7. इस इश्क़ ने मेरी मेज़बानी क़ुबूल की और उसने मेरी जान के सितार पर एक मिज़राब मारा।
उस इश्क़ के दस्तो बाज़ू (सामर्थ्य) पर हज़ार कृपाएँ और हज़ार शाबाशियाँ ईश्वर की ओर से हों।

8. मैंने कितनी बार कहा—ऐ हृदय! दिल के इस पागलपन से दूर ही रह।
लेकिन, मेरी चेतावनी का उस समय कोई लाभ नहीं रह जाता जब मेरा दिल उस (प्रिय) के 'हू' की आवाज़ को सुनता है।

74. गिरिफ़्तार

1. ईन्जा कसी,स्त पिन्हान् दामाने मन गिरिफ़्ते
   खुद रा सिपस कशीदे पीशाने मन गिरिफ़्ते

2. ईन् जा कसी,स्त पिन्हान् चून् जानो ख़ुश्तर् अज़ जान
   बाग़ी बे मन नमूदे ऐवाने मन गिरिफ़्ते

3. ईन् जा कसी,स्त पिन्हान् हमचू ख़याल दर दिल
   अम्मा, फ़ुरूग़े रूय-श अरकाने मन गिरिफ़्ते

4. ईन जा कसी,स्त पिनहान् मानन्दे क़न्द दर नै
   शीरीन् शकर-फ़ुरूशी दुक्काने मन गिरिफ़्ते

5. जादू व चश्मबन्दी चश्मे कस-श नबीनद
   सौदागरी,स्त मौज़ून् मीज़ाने मन गिरिफ़्ते

6. चून गुलशिकर मन् ओ ऊ दर हम दिगर सरिश्ते
   मन ख़ू ए ऊ गिरिफ़्ते ऊ आने मन गिरिफ़्ते

7. दर चश्मे मन ने-आयद ख़ूबाने जुम्ले आलम
   बिन्गार ख़याले ख़ूब-श मिजगाने मन गिरिफ़्ते

8. मन ख़स्ते गिर्दे आलम दरमान ज़ कस नदीदम
   ता दर्दे इश्क़ दीदम दरमाने मन गिरिफ़्ते

74. तिलेषु तैलं दधनीव सर्पिः[66]

1. इस दिल में कोई छिपा है जिसने मेरा दामन पकड़ रखा है।
   उसने अपने आपको पीछे करके मेरी योग्यताओं और शिष्टताओं को पकड़ रखा है।

2. इस दिल में कोई छिपा है जो जान की तरह है। अरे नहीं, वह तो जान से भी अज़ीज़ है।
   उसी ने मुझे सब्ज़बाग़ दिखा कर मुझसे मेरे अपने महल छीन लिए हैं।

3. इस दिल में कोई ऐसे छिपा है जैसे दिलों में ख़याल छिपे होते हैं।
   लेकिन उसके मुखमण्डल की आभा ने मेरे पाँचों तत्त्वों को धूमिल कर दिया है।

4. इस दिल में कोई ऐसे हिल-मिल गया है जैसे ईंख में शक्कर।
   उस शक्कर बेचने वाले मीठे-मीठे प्रियतम ने मेरी दुकान पर क़ब्ज़ा कर लिया है।

5. उसके जादू और नज़रबन्दी के हुनर को किसी की आँख नहीं देख पाती।
   वह एक चालाक सौदागर है जिसने मेरी तराज़ू हड़प ली है।

6. मैं और वह गुलाब और क़न्द की तरह एक दूसरे में लिपट गए हैं।
   मैंने उसकी चाल चलन ले ली है और उसने मेरी आत्मा पर क़ब्ज़ा कर लिया है।

7. संसार की किसी भी सुन्दरी की ओर मेरी आँखें चल ही नहीं सकतीं।
   ज़रा देखो तो, उसके हसीन ख़यालों ने मेरी बरौनियों को भी पकड़ रखा है।

8. थका-हारा मैं, सारे संसार में किसी के पास अपने दर्द की दवा न पा सका।
   मैंने देखा कि प्रेम की पीड़ा ने मेरे इलाज के सारे रास्ते बन्द कर रखे हैं।

---

66. श्वेताश्वतरोपनिषद् 1.15 (तिल में तेल और दही में घी की तरह)

9. तू नीज़ दिल–कबाबी दरमान ज़ दर्द याबी
गर गिर्दे दर्द गर्दी फ़रमाने मन गिरिफ़्ते

10. दर बहे ना उमीदी अज ख़ुद तम्अ बुरीदी
ज़्,ईन् बह सर बर् आरी मर्जाने मन गिरिफ़्ते

11. बिश्कन तिलिस्मे सूरत बुग्शाय चश्मे सीरत
ता शर्क़ो ग़र्ब बीनी सुल्ताने मन गिरिफ़्ते

12. साक़ी ए ग़ैब बीनी पैदा सलाम कर्दे
पैमाने जाम कर्दे पैमाने मन गिरिफ़्ते

13. तबरीज़े शम्से दीन् रा बर चर्ख़े जान् बेबीनी
इशराक़े नूरे रूयश कैहाने मन गिरिफ़्ते

9. अगर तुम्हारा भी दिल जलकर कबाब हो चुका है तो तुम्हें भी अपने दर्द का उपचार मिलेगा—
अगर मेरी आज्ञा मानकर तुम भी इस दर्द की परिक्रमा कर सकोगे।

10. अगर तुम निराशा के समुद्र में हो और अपने ऊपर से तुम्हारा विश्वास उठ चुका है— तो भी हताश मत होना। तुम भी इस दुख के समन्दर से मेरा वाला माणिक्य (प्रेम) हाथ में लिये बाहर आ सकोगे।

11. सूरत के तिलिस्म को तोड़कर सीरत (सदाचार) की आँख को खोलो।
ताकि देख पाओ कि पूरब और पश्चिम दोनों दिशाएँ मेरे सम्राट् के अधीन हैं।

12. तब तुम देख सकोगे कि अदृश्य लोक के साक़ी ने तुम्हें प्रकट रूप में नमस्कार किया है।
मेरे शपथ को स्वीकार करके उसने पैमाने को जाम में बदल दिया है।

13. तब तुम धर्म के सूर्य (शम्सुद्दीन) को प्राणों के आकाश पर आरूढ़ देख सकोगे।
जिसके मुखमण्डल के प्रताप ने मेरे संसार को चमका दिया है।

75. न मी दानम

1. चे तदबीर ऐ मुसलमानान्! कि मन ख़ुद रा न मीदानम
न तर्सा नै यहूद-म मन न गब्र-म नै मुसलमान-म

2. न शर्क़ी-अम न ग़र्बी-अम न बर्री-अम न बह्री-अम
न अज़ काने तबीई-अम न अज़ अफ़लाके गर्दान-म

3. न अज़ ख़ाक-म न अज़ आब-म न अज़ बाद-म न अज़ आतिश
न अज़ अर्श-म न अज़ फ़र्श-म न अज़ कोनम न अज़ कान-म

4. न अज़ हिन्द-म न अज़ चीन-म न अज़ बलग़ारो सक़्सीन-म
न अज़ मुल्के इराक़ैन-म न अज़ ख़ाके ख़ुरासान-म

5. न अज़ दुनिया न अज़ उक़बा न अज़ जन्नत न अज़ दूज़ख़
न अज़ आदम न अज़ हव्वा न अज़ फ़िरदौसे रिज़वान-म

6. मकान-म लामकान् बाशद निशान-म बेनिशान् बाशद
न तन बाशद न जान् बाशद कि मन अज़ जाने जानान-म

7. दुई अज़ ख़ुद बदर करदम यकी दीदम दो आलम रा
यकी जूयम यकी दानम यकी बीनम यकी ख़ानम

75. बुल्ला! की जाणा मैं कौण?

1. अब क्या उपाय हो, ऐ मुसलमानो! मैं ख़ुद को नहीं जान पा रहा हूँ।
   न तो मैं ईसाई हूँ, न यहूदी, न पारसी हूँ और न ही मुसलमान।

2. न तो मैं पूरब का हूँ न पच्छिम का, न ज़मीन से हूँ न समन्दर से।
   न मैं उस प्रकृति के खान से हूँ और न ही घूमते हुए आसमान से हूँ।

3. न तो मैं मिट्टी से बना हुआ हूँ और न पानी से, न हवा से हूँ और न ही आग से।
   न तो मैं सातवें आसमान से हूँ और न ही किसी खान से निकला हुआ द्रव्य हूँ।

4. न तो मैं भारत से हूँ न ही चीन से, न मैं बुल्गारिया से हूँ न ही सक्सीन से।
   न ही मैं दोनों इराक़ों से हूँ और न ही ख़ुरासान की धरती से सम्बन्ध रखता हूँ।

5. न मैं इस लोक से हूँ न परलोक से, न तो मैं स्वर्ग से आया हूँ और न ही नरक से।
   न तो मैं आदम की सन्तान हूँ न ही हव्वा की, और न ही मैं उच्चतम स्वर्ग से उतरा हुआ हूँ।

6. मेरे रहने की जगह निवास रहित (=परमेश्वर) है, मेरा चिह्न सभी चिह्नों से रहित है।
   मेरे पास न तो शरीर है और न ही प्राण, क्योंकि मैं प्राणों के प्राण परमेश्वर से सम्बन्धित हूँ।

7. मैंने दुई को अपने अन्दर से निकाल कर बाहर कर दिया है। दोनों संसारों को मैंने एक ही करके देखा है।
   मैं एक की ही खोज में हूँ, एक को ही जानता हूँ, एक को ही देखता हूँ और एक को ही पुकारता हूँ।

8. हुव,ल अव्वल हुव,ल आख़िर हुव,ज़्ज़ाहिर हुव,ल बातिन
बजुज़ 'या हू' व या 'मन हू' कसी दीगर न मीदानम

9. ज़े जामे इश्क़ सर मस्तम दो आलम रफ़्ते अज़ दस्तम
बजुज़ रिन्दी व क़ल्लाशी न बाशद हीच सामान-म

10. अगर दर उम्र ख़ुद रूज़ी दमी बी तू बर आवुर्दम
अज़्,आन् वक़्त् ओ अज़्, आन् साअत ज़े उम्रे ख़ुद पशीमान-म

11. अगर दस्त-म दिहद रूज़ी दमी बा तो दर्, ईन् ख़िल्वत
दो आलम ज़ीरे पा आरम हमी दस्ती बर् अफ़्शानम

12. अला ऐ शम्से तबरीज़ी! चुनीन् मस्त-म दर् ईन् आलम
कि जुज़ मस्ती व क़ल्लाशी न बाशद हीच सामान-म

8. वही (परमेश्वर ही) पहला है, वही अन्तिम है, वही प्रकट है, वही छिपा हुआ है। 'या ख़ुदा' अथवा 'जो ख़ुदा है', उसके अलावा मुझे किसी के बारे में कुछ नहीं मालूम।

9. मैं प्रेम का प्याला पीकर मस्त हो चुका हूँ। लोक और परलोक दोनों मेरे हाथ से जा चुके हैं।
मेरे पास फक्कड़पन और आवारगी के अतिरिक्त और कोई पूँजी नहीं बची है।

10. अगर मैंने अपनी पूरी उम्र में किसी भी दिन तुम्हें भूल कर साँस ली हो—
तो उस समय और उस घड़ी के लिए मैं अब भी शर्मिन्दा हूँ।

11. अगर किसी दिन तुम्हारे साथ एक क्षण भी एकान्त की मुहलत मुझे मिल पाये—
तो मैं दोनों जहानों को अपने पैरों तले मसलकर उनसे हाथ झाड़ लूँगा।

12. ऐ शम्स तबरेज़! मैं इस संसार में इस तरह मस्त हो गया हूँ—
कि मस्ती और आवारगी के अलावा मेरे पास कोई और सामान नहीं बचा है।

76. सर रिश्ते ए इश्क़

1. बाँग ज़दम नीम शबान् कीस्त दर् ईन् ख़ाने-ए-दिल ?
   गुफ़्त मन-म, क्,अज़ रुख़े मन, शुद महो ख़ुर्शीद ख़जिल

2. गुफ़्त के ईन् ख़ाना-ए-दिल पुर हमे नक़्श-स्त चेरा
   गुफ़्तम क्,ईन् अक्से तू अस्त् ऐ रुख़े तो रश्के चिगिल !

3. गुफ़्त कि ईन् नक़्शे दीगर चीस्त पुर् अज़ ख़ूने जिगर
   गुफ़्तम क्,ईन् नक़्शे मने ख़स्ते दिलो पाय ब गिल

4. दाद सरे रिश्ते बे मन, रिश्ता-ए-पुर-फ़ित्ने व फ़न।
   गुफ़्त बकिश ता बकिशम हम बकिश् ओ हम मगुसिल

76. रहिमन धागा प्रेम का

1. आधी रात मैंने आवाज़ लगाई—''इस दिल के दयार में कौन है?''
   उसने कहा—''मैं हूँ जिसके चेहरे से चाँद और सूरज भी शर्मा गए हैं।''

2. उसने पूछा—''यह दिल का सारा का सारा घर किस तरह के निशानों से भरा है।''
   मैंने उत्तर दिया—''ऐ चराग़ों के लिए ईर्ष्या के पात्र! यह सब तुम्हारा ही प्रतिबिम्ब है।''

3. उसने पूछा—''ये जिगर के ख़ून से लथपथ यह दूसरा चिह्न क्या है?''
   मैंने उत्तर दिया—''यह मुझ टूटे दिल और कीचड़ में फँसे पाँव वाले का चिह्न है।''

4. (तब) उसने मुझे अपने सूत्र का एक सिरा दिया वह सिरा अत्यन्त रहस्यमय और कलात्मक था।
   उसने मुझसे कहा कि इसे अपनी ओर खींचो ताकि मैं भी इसे अपनी ओर खींच सकूँ। और इसे इसी तरह खींचते रहना, बीच में तोड़ मत देना।

77. बीरंग् ओ बी निशान्

1. आह बीरंग् ओ बीनिशान् कि मन–म
केइ बबीनम मरा चुनान् कि मन–म ?

2. गुफ़्ती असरार दर मियान् आवर
कू मियान् अन्दर् ईन् मियान् कि मन–म ?

3. केइ शवद ईन् रवाने मन साकिन ?
ईन्–चुनीन साकिने रवान् कि मन–म

4. बह्रे मन ग़र्क़े गश्त हम दर ख़ीश
बुल्–अजब बह्रे बीकरान् कि मन–म

5. ईन् जहान् व् आन् जहान् मरा तलबद
की,न् दो गुम शुद दर् आन् जहान् कि मन–म

6. फ़ारिग़् अज़ सूदम् ओ ज़ियान् चू अदम
तुर्फ़ा बीसूद् ओ बीज़ियान् कि मन–म

7. गुफ़्तम्–ऐ जान् तू ऐने मा–ई, गुफ़्त–
ऐन् चे बुवद् दर् ईन् अयान् कि मन–म

8. गुफ़्तम्–"आन्–ई", बेगुफ़्त–"हाय ख़मूश!
दर ज़बान् नामदे,स्त आन् कि मन–म"

77. निरगुन निरबिकार

1. यह बात है मेरे अस्तित्व की, जो सभी रंगों और निशानों से ऊपर है।
   मैं अपने आप को वैसे कब देख पाऊँगा, जैसे मैं असल में हूँ।

2. तुमने कहा—"अपने राज़ हमारे भी बीच लेकर आओ।"
   मैंने कहा—मैं जहाँ हूँ उस बीच 'बीच' की गुंजाइश ही कहाँ है?

3. मेरा हृदय उस तरह शान्त कब हो पाएगा।
   जिस तरह मेरी आत्मा शान्त और निःस्पन्द है।

4. मेरा समन्दर भी ख़ुद अपने अन्दर डूब गया।
   कैसा अद्भुत और असीम समुद्र हूँ मैं।

5. इहलोक और परलोक दोनों मुझे खोज रहे हैं।
   जिस लोक में मैं हूँ उस लोक में दोनों गुम हो चुके हैं।

6. अस्तित्वविहीनता की तरह मैं हानि और लाभ से छूट गया हूँ।
   अद्भुत हूँ मैं—हानि और लाभ दोनों से रहित।

7. मैंने उससे कहा—ऐ मेरे प्रिय, तू बिल्कुल मेरे समान है, उसने कहा—
   मेरी इन द्वैत विहीन आँखों में समानता शब्द का कोई मतलब ही नहीं है।

8. मैंने कहा—"अच्छा, मैं समझ गया, तुम तो वह हो!?" उसने कहा—"ख़ामोश!
   मैं वह हूँ जो संज्ञा या सर्वनाम की सीमा में नहीं समा सकता।"

78. मक़सदे पीरो बुरना

1. मन आन् रूज़ बूदम कि अस्मा न बूद।
   निशान् अज़ वजूदे मुसम्मा न बूद॥

2. ज़े मा शुद मुसम्मा व अस्मा पदीद।
   दर् आन् रूज़ क्,आन्जा मन् ओ मा न बूद॥

3. शुदम् तूरे सीना बेगश्तम तमाम
   शब् ओ-रूज़ दर तूरे सीना न बूद

4. चलीपा व नसरानियान् सर बसर।
   बेपूयीदम् अन्दर चलीपा न बूद॥

5. बे बुत्ख़ाने रफ़्तम् ब बुत्ख़ाने दर
   दर् ऊ हीच रंगी हुवैदा न बूद॥

6. बे कूहे हिरा रफ़्तम् ओ क़ंदहार।
   बदीदम दर् आन् ज़ीरो बाला न बूद

7. बे अम्दन शुदम् बर सरे कूहे क़ाफ़।
   दर्, आन् जाय् जुज़ जा ए अन्क़ा न बूद॥

78. नासदासीत् नो सदासीत् तदानीम्[67]

1. मैं उस दिन भी था जब दुनिया में नाम नहीं थे।
   और न ही नामों से पुकारे जाने वाली चीज़ों का नामो-निशान था।

2. नाम और नामी दोनों उस दिन हमसे ही प्रकट हुए थे।
   लेकिन तब वहाँ न तो मैं था और न ही हम।

3. मैं सिनाई[68] के पहाड़ पर भी गया।
   वहाँ न तो रात थी और न ही दिन।

4. वहाँ मैंने सलीब और ईसाइयों को हर जगह खोजा।
   लेकिन तब न सलीब थी और न ही ईसाई।

5. मैं मन्दिर के दरवाज़े से मन्दिर के अन्दर गया।
   मन्दिर के अन्दर कोई भी रंग प्रकट नहीं हो रहा था।

6. मैं हिरा[69] और क़न्दहार के पहाड़ों के पास गया।
   मैंने देखा—उस जगह कोई भी ऊँचाई—नीचाई नहीं थी, सब कुछ समतल था।

7. जान बूझ कर मैं क़ाफ़[70] नामक पहाड़ की चोटी पर पहुँचा।
   वहाँ अन्क़ा की जगह के अतिरिक्त और कोई भी चीज़ नहीं थी।

---

67. ऋग्वेद 10.129.01 (तब न तो सत् था, तब न ही असत् था।)

68. यह वह पहाड़ है जहाँ मूसा ने ईश्वरीय ज्योति के दर्शन किए थे।

69. अरब की वह गुफ़ा जहाँ मुहम्मद साहब को तत्त्वज्ञान हुआ था।

70. काल्पनिक पर्वत है जो सम्भवत: विश्व के दूरतम बिन्दु पर अवस्थित है।

8. बे का,बे कशीदम् इनाने तलब।
दर् आन् मक़सदे पीरो बरना न बूद॥

9. बेपुर्सीदम् अज़ इब्ने सीना-श हाल।
बर् अन्दाज़े ए इब्ने सीना न बूद॥

10. निगह करदम अन्दर दिले ख़ीश्तन।
बेदीदम दर् आन्जा-श् ओ आन्जा न बूद॥

8. अपने तलब के घोड़े को मैंने का'बे तक दौड़ाया।
लेकिन वहाँ बूढ़ों और जवानों का प्राप्तव्य (अर्थात् ख़ुद का'बा) अनुपस्थित था।

9. मैंने इब्ने सीना[71] से इन सभी रहस्यों के बारे में जानना चाहा।
लेकिन इन रहस्यों की व्याख्या इब्ने सीना के सामर्थ्य से बाहर की बात थी।

10. मैंने अपने दिल के अन्दर निगाह डाली।
मैंने दिल को वहाँ ढूँढ़ा—मेरा दिल भी वहाँ नहीं था।

71. ईरान के महान तत्त्वदर्शी तथा वैज्ञानिक। इनका समय 980 ई. से 1037 ई. तक है।

79. ख़ाने-पर्दाज़ी

1. सूरतगरे नक़्क़ाश-म्,हर लह्ज़े बुती साज़म
   व्,आन गह हमे बुतहा-रा दर पीशे तू बुगज़ारम

2. सद नक़्श बर् अंगीज़म् बा रूह दर् आमीज़म
   चून नक़्शे तुरा बीनम, दर आतिश-श् अन्दाज़म

3. तू साक़ी ए ख़म्मारी, या दुश्मने हुश्यारी
   या आन् कि कुनी वीरान्, हर ख़ाने कि बर साज़म

4. जान् रीख़्ते शुद बर तू, आमीख़्ते शुद बा तू
   चून बूए तु दारद जान, जान रा हिले बेन्वाज़म

5. हर ख़ून कि ज़ मन रूयद, बा ख़ाके तु मी गोयद
   बा मेहे तू हम रंगम, बा इश्क़े तू हम्बाज़म

6. दर खाने ए आबो-गिल, बी तू-स्त ख़राब् ईन् दिल
   या ख़ाने दर आ ऐ जान! या ख़ाने बेपर्दाज़म

79. आवाप उद्वाप[72]

1. मैं चेहरे बनाने वाला मूर्तिकार हूँ। हर क्षण नयी नयी मूरतें गढ़ता रहता हूँ। और फिर उसके बाद सभी मूर्तियों को तुम्हारे सामने लाकर रख छोड़ता हूँ।

2. मैं सैकड़ों चेहरे उभारता हूँ। फिर ये चेहरे मेरी आत्मा के साथ एकमेक हो जाते हैं। लेकिन एक बार तुम्हारा चेहरा देख लेने के बाद मैं इन सबको आग के हवाले कर देता हूँ।

3. तू मयख़ाने का साक़ी है, या मेरा चालाक दुश्मन है।
   या फिर तू वह है, जो मेरे बनाये सारे घरों को ढहा देता है।

4. मेरे प्राण तुम पर निसार हो गए हैं, मेरी आत्मा तुममें मिलकर एक हो गई है। मैं अब ख़ुद से प्यार करने लगा हूँ क्योंकि मुझसे अब तुम्हारी सुगन्ध आने लगी है।

5. मेरे ख़ून का एक एक क़तरा तुम्हारे अस्तित्व के साथ मिलकर कहता है— मेरा रंग और तुम्हारी करुणा का रंग एक ही है, मेरा रंग और तुम्हारे प्रेम का रंग एक ही है।

6. इस मिट्टी और पानी से बने घर (शरीर) के अन्दर तुम्हारे बिना मेरे दिल की हालत बुरी है।
   ऐ महबूब, या तो तुम ही इस घर में आ जाओ, या फिर मैं ही इसे ख़ाली कर दूँ।

---

72. वेदान्त की प्रसिद्ध प्रविधि जिसके अनुसार वे ईश्वर पर विशेषणों का आरोप करते हैं फिर उससे सभी विशेषणों का निरास करते हैं।

८०. ज़ही इश्क़ ज़ही इश्क़

1. ज़ही इश्क़ ज़ही इश्क़ कि मारा-स्त ख़ुदा या!
   चे नग़्ज़-स्त् ओ चे ख़ूब-स्त् ओ चे ज़ीबा-स्त, ख़ुदाया!

2. चे गर्मी-म चे गर्मी-म अज़् आन इश्क़ चु ख़ुर्शीद्
   चे पिन्हान् ओ चे पिन्हान् ओ चे पैदा-स्त, ख़ुदा या!

3. ज़ही माह ज़ही माह, ज़ही बादे ए हम-राह
   कि जान् रा व जहान् रा, बियारा,स्त, ख़ुदा या!

4. ज़ही शूर ज़ही शूर कि अन्गीख़्ते आलम्
   ज़ही कार ज़ही बार कि आन्जा-स्त ख़ुदा या!

5. फ़ुरू रीख़्त फ़ुरी रीख़्त शहन्शाहे सवारान्
   ज़ही गर्द ज़ही गर्द, कि बर् ख़ास्त ख़ुदा या!

6. फ़तादीम् फ़तादीम् बेदान्-सान् के नख़ीज़ीम्
   नदानीम् नदानीम् चे ग़ौग़ा-स्त, ख़ुदा या!

7. ज़े हर कूय् ज़े हर कूय् यकी दूदे दिगरगून्
   दिगर बार दिगर बार, चे सौदा-स्त ख़ुदा या!

80. इश्क़ अलैहिस्सलाम[73]

1. क्या कहना है उस इश्क़ का, जो हमें हुआ है, ऐ ख़ुदा!
   यह कितना प्यारा है, कितना अच्छा है, कितना सुन्दर है, ऐ ख़ुदा!

2. इस सूरज जैसे इश्क़ की सोहबत में हम कितने ऊर्जावान् और उत्साही हो गए हैं।
   यह इश्क़ कितना अधिक छिपा हुआ है फिर भी कितना अधिक प्रकट है, ऐ ख़ुदा!

3. हमारे चाँद जैसे प्यारे इश्क़ का क्या पूछना, यह तो हमारे सफ़र में हमेशा साथ रहने वाली शराब जैसा है।
   इसने हमारे प्राणों और इस संसार, दोनों को सजा दिया है, ऐ ख़ुदा!

4. यह कैसा शोर है, यह अद्भुत शोर है, जिसने सारी दुनिया में हलचल मचा दी है।
   इश्क़ के दरबार में सारे कारोबार अजीब और अद्भुत हैं, ऐ ख़ुदा!

5. कितने ही शहसवार इस इश्क़ के मैदान में गिर गए, पड़ गए।
   उनके गिर पड़ने से क्या अद्भुत गर्द उड़ी, ऐ ख़ुदा!

6. हम भी गिरे, और ऐसे गिरे कि अब फिर कभी नहीं उठ पायेंगे।
   हम नहीं जानते, हमें नहीं पता कि ये कैसा उत्पात है, ऐ ख़ुदा!

7. हर गली से, हर कूचे से एक अलग तरह का ही धुँआ उठ रहा है।
   हर एक बार, हर एक बार, यह कैसा फ़ितूर है, ऐ ख़ुदा!

---

73. आधुनिक ईरानी कवि डॉ. अली रज़ा क़ज़्वे (1960—) के एक काव्य संग्रह का नाम। (इश्क़ जिस पर सलामती हो)।

8. न दामी–स्त न ज़न्जीर, इमे बस्ते चेरा ईम्
चे बन्द–स्त चे ज़न्जीर के बर पा–स्त, ख़ुदा या!

9. चे नक़्शी–स्त चे नक़्शी–स्त दर् ईन् ताबे ए दिल–हा
ग़रीब–स्त ग़रीब–स्त, ज़ बाला–स्त, ख़ुदा या!

10. ख़मूशीद् ख़मूशीद्, के ता फ़ाश् न गर्दीद्
कि अग़्यार् गिरिफ़्ते–स्त् चप् ओ रास्त, ख़ुदा या!

8. न कोई जाल है न कोई ज़ंजीर, फिर भी हम बँधे हुए क्यों हैं?
यह कौन सा बन्धन है, ये कौन सी ज़ंजीर है जो कि हमारे पैरों में पड़ी हुई है, ऐ ख़ुदा!

9. दिलों के शीशमहल में यह कौन सी आकृति है, यह कैसा नक़्श है?
यह बिल्कुल जाना पहचाना नहीं लग रहा है। यह किसी अलौकिक जगत से आया है, ऐ ख़ुदा!

10. चुप रहो, ख़ामोश हो जाओ, कहीं तुम लोगों का राज़ फ़ाश न हो जाए।
क्योंकि तुम्हारे दुश्मन दायें-बायें चारों ओर जाल बिछाये बैठे हैं।

81. चे कुनद

1. गुले ख़न्दान कि न ख़न्दद चे कुनद?
अलम् अज़ मुश्क न बन्दद चे कुनद?

2. नारे ख़न्दान् के दहान् बुग्शादे-स्त
चून् कि दर पूस्त न गुंजद, चे कुनद?

3. महे ताबान् कि बजुज़ ख़ूबी ओ नाज़
चे नुमायद, चे पसन्दद, चे कुनद?

4. आफ़ताब् अर न दहद ताबिश् ओ नूर
पस दर् ईन् नादिरे गुम्बद चे कुनद?

5. साये अर तलअते ख़ुर्शीद बेदीद
न कुनद सज्दे, नख़न्दद, चे कुनद?

6. आशिक़् अज़ बू ए ख़ुशे पैरहन-त
पैरहन रा न दरानद, चे कुनद?

7. तने मुर्दे कि बर् ऊ बर् गुज़री
न शवद ज़िन्दे, न ख़न्दद, चे कुनद?

8. दिल-म् अज़ चंगे ग़म-त गश्त चु चंग
न ख़ुरूशद, न तरंगद, चे कुनद?

81. स्वभाव एवैष[74]

1. खिला हुआ फूल अगर न खिलखिलाए, तो और क्या करे?
चतुर्दिक् अपने सुगन्ध की पताका न फहराए, तो और क्या करे?

2. हँसता हुआ (पका) अनार जिसका मुँह खुल गया है—
—जब वह अपनी खोल में न समा पाये, तो इसके अलावा क्या करे?

3. चमकता हुआ पूरा चाँद अपने गुणों और सौन्दर्य के अलावा—
—क्या दिखाए, क्या पसन्द करे, और क्या करे?

4. अगर सूरज ताप और प्रकाश न दे—
—तो इस लम्बे चौड़े आसमान पर और क्या करे?

5. जब छाया को सूरज का उदय दीख गया—
—तो वह उसे साष्टांग दण्डवत् न करे तो और क्या करे?

6. तुम्हारा आशिक़ तुम्हारे कपड़े की ख़ुशबू से मचलकर—
—अपने कपड़े न फ़ाड़ने लगे, तो क्या करे?

7. वह मुर्दा तन जिसपर तुम गुज़र जाओ—
—वह ज़िन्दा होकर हँसने न लग जाए तो और क्या करे?

8. मेरा दिल तुम्हारे विरह के चंगुल में आकर चंग बन गया है।
अब यह शोर न करे, आवाज़ न करे, तो और क्या करे?

---

74. यह तो स्वाभाविक ही है।

82. जुदा शुद ज़ दर्द

1. गुफ़्त कसी ख़ाजे सनाई बेमुर्द
मर्गे चुनीन् ख़ाजे, न कारी-स्त ख़ुर्द

2. काह नबूद् ऊ कि बे बादी परीद
आब न बूद् ऊ कि बे सरमा फ़िसुर्द

3. शाने न बूद् ऊ कि बे मूई शिकस्त
दाने न बूद् ऊ कि ज़मीन-श फ़िशुर्द

4. गंजे ज़री बूद दर् ईन् ख़ाकदान
कू दो जहान् रा बे जवी मी शुमुर्द

5. क़ालिबे ख़ाकी सू ए ख़ाकी फ़िकन्द
जाने ख़िरद सू ए समावात बुर्द

6. साफ़ दर् आमीख़्त बे दुर्दी ए मै
बर सरे ख़ुम रफ़्त, जुदा शुद ज़ दुर्द

82. पण्डियमरण[75]

1. किसी ने ख़बर दी—"ख़्वाजा सनाई[76] मर गए।"
(रूमी का कहना है—) वैसे महान् स्वामी का मरना भी एक बड़ी घटना है।

2. वे कोई तिनका नहीं थे जो हवा के साथ उड़ जाते।
वे पानी नहीं थे जो सर्दी से सिकुड़ जाते।

3. वे कंघी नहीं थे जो बालों से टूट जाते।
वे अनाज के दाने नहीं थे जिन्हें ज़मीन छिपा लेती।

4. वे तो इस धरती पर सोने की खान थे।
जो दोनों लोकों को एक जौ के दाने जैसा तुच्छ मानते थे।

5. उन्होंने अपने मिट्टी के बदन को मिट्टी में छोड़ दिया।
और अपनी रूह को आसमानों की ओर ले गए।

6. उन्होंने अपने रस को तलछट में मिला दिया।
और ख़ुद शराब के मटके (मूल स्रोत) की ओर बढ़कर तलछटों से छूट गए।

---

75. होशियार मौत (जैन मत में प्रतिपादित मृत्यु का उत्तम प्रकार।)

76. सनाई ग़ज़नवी (1080—1131 ई.) रूमी के पूर्ववर्ती एक बड़े सूफ़ी सन्त थे

83. आबे हयात मौज ज़द

1. सीर न मीशवम ज़ तू नीस्त जुज़ ईन गुनाहे मन
   सीर मशौ ज़ ज़हमत-म, ऐ दो-जहान्-पनाहे मन

2. सीर् ओ मलूल शुद ज़े मन ख़ुम्ब् ओ सक़ा ओ मश्के ऊ
   तश्नेतर-स्त हर ज़मान् माही ए आबख़ाहे मन

3. दर शिकनीद कूज़े रा, पारे कुनीद मश्क रा
   जानिबे बह्र मी रवम, पाक कुनीद राहे मन

4. आबे हयात मौज ज़द, दूश ज़ सह्ने ख़ाने-अम
   यूसुफ़े मन फ़ताद, दी, हमचू क़मर बे चाहे मन

5. सैल रसीद नागहान्, जुम्ले बेबुर्द ख़िर्मन-म
   दूद बर् आमद् अज़ दिलम, दाने बेसूख़्त् ओ काहे मन

6. दर दिले मन दर् आमद् ऊ, बूद ख़याल-श् आतशीन
   आतश रफ़्त बर सर-म, सूख़्ते शुद कुलाहे मन

7. गुफ़्त कि अज़ समाअ-हा हुर्मत् ओ जाह कम शवद
   जाह तु-रा, कि इश्क़े ऊ, बख़्ते मन-स्त् ओ जाहे मन

8. अज़ पये हर ग़ज़ल दिल-म, तोबे कुनद ज़ गुफ़्त् ओ गू
   राह ज़नद दिले मरा दाइए ए इलाहे मन

83. स्यन्दति चेतसि निर्वृतिधारा *

1. मेरा अपराध बस इतना है कि मेरा मन उससे नहीं भरता।
   ऐ दोनों लोकों को शरण देने वाले मेरे प्रिय! तुम भी मेरे आयासों से तृप्त न होना।

2. शराब के घड़े, साक़ी और उसकी मशक, ये सब मुझसे उकता गए हैं।
   मैं वह मछली हूँ, जिसकी प्यास हर पल तीव्र से तीव्रतर होती जाती है।

3. ऐसे घड़ों को तोड़ दो, ऐसे मसक़ों को फाड़ दो।
   मैं अब महासागर की ओर जा रहा हूँ, मेरे रास्ते से परे हट जाओ।

4. मेरे घर के अहाते से अमृत रस की बाढ़ उमड़ चली है।
   क्योंकि कल रात मेरा यूसुफ़ (प्रिय) चाँद की तरह मेरे कुएँ में गिर पड़ा था।[77]

5. वह बाढ़ अचानक आई और मेरा खलिहान बहा कर ले गई।
   मेरे दिल से धुँआ बाहर निकला और मेरे सारे दाने और डाँठ को जला डाला।

6. मेरा प्रियतम मेरे ख़याल में आया, उसका ख़याल इस क़दर ज्वलनशील था—
   कि वह आग मेरे सर तक पहुँच गई और उसने मेरी टोपी तक जला डाली।

7. किसी ने सलाह दी कि, इस तरह नाचने गाने से पवित्रता और प्रतिष्ठा कम होती है।
   (मैंने कहा) वह प्रतिष्ठा तुम्हें ही मुबारक हो। मेरे लिए तो उसका प्रेम ही सौभाग्य है और प्रतिष्ठा है।

8. हर ग़ज़ल कहने के लिए मेरे दिल को गुफ़्तगू से तोबा करनी पड़ती है।
   परमेश्वर का निमंत्रण मेरे दिल को लूटने लगता है।

---

* अभिनवगुप्त (भैरवस्तोत्र)

77. कहानी है कि यूसुफ़ को उनके भाइयों ने ईर्ष्यावश कुएँ में धकेल दिया था।

84. मन हमगी तुरा-स्तम

1. दूश चे ख़ुर्दे ई दिला रास्त बेगू निहान् मकुन
चून् ख़मुशाने बी गुनह रूय् बर् आसमान् मकुन

2. बादे ए ख़ास ख़ुर्दे ई, नुक़्ले ख़लास ख़ुर्दे ई
बू ए शराब मी ज़नद ख़रबुज़े दर दहान् मकुन

3. रूज़े अलस्त जाने तू ख़ुर्द मेई ज़ ख़ाने तू
ख़ाजे ए ला-मकान् तूई, बन्दगी ए मकान् मकुन

4. दूश शराब रीख़्ती, व्,अज़ बरे मा गुरीख़्ती
बारे दिगर गिरिफ़्तम-त, बारे दिगर चुनान् मकुन

5. मन हमगी तुरा-स्तम, मस्ते मये वफ़ा-स्तम
बा तु चू तीरे रास्त-म, तीरे मरा कमान् मकुन

6. बादे बेनूश मात शौ, जुम्ले तने हयात शौ
बादे ए चून् अक़ीक़ बीन, यादे अक़ीक़दान मकुन

7. बादे ए आम अज़ बिरून्, बादे ए आरिफ़् अज़ दरून
बू ए दहान् बयान् कुनद, तू बे ज़बान बयान मकुन

8. अज़ तबरीज़ शम्से दीन मी रसद-म चू माहे नौ
चश्म सू ए चराग़ कुन, सू ए चराग़दान मकुन

84. मैं सारा का सारा तुम्हारा!

1. ऐ मेरे दिल, तुमने कल रात क्या पिया था? सही सही बोलो, छिपाओ मत। बेगुनाहों की तरह ख़ामोशी से अपना मुँह आसमान की ओर मत किये रहो।

2. तुमने ज़रूर कोई ख़ास शराब पी ली है और उसके साथ कोई ख़ालिस चीज़ भी खाई है।
तुमसे शराब की गन्ध आ रही है। अपने मुँह पर ख़रबूज़ा रख कर उसे छिपाने की कोशिश न करो।

3. सृष्टि के प्रारम्भ में ही जिसके प्राणों ने अपने ही दस्तरख़ान पर बैठ कर दिव्य शराब पी थी।
वह निवास विहीन अनिकेत तुम्हीं हो। किसी घर में एक नौकर की तरह फँसे न रहो।

4. कल रात तुमने मेरे प्याले में शराब तो उड़ेल दी थी, लेकिन फिर मेरे पहलू से भाग निकले थे।
तुमको मैंने फिर से पकड़ लिया। अब फिर से तुम वही काम मत करना।

5. मैं सारा का सारा तुम्हारा हूँ। मैं प्रेम की मदिरा से मस्त हूँ।
तुम्हारे साथ मैं तीर की तरह सीधा सीधा बर्ताव कर रहा हूँ, मुझे तुम कमान की तरह टेढ़ा न कर देना।

6. प्रेम की शराब पियो और लोट जाओ। मूर्तिमान् जीवन्तता बन जाओ।
अक़ीक़ के रंग की शराब देखो, खान से निकले अक़ीक़ की याद न करो।

7. आम लोगों की शराब बाहर से आती है, लेकिन ज्ञानी अपने अन्दर की शराब पीते हैं।
तुम्हारे शराब का वर्णन तुम्हारे मुँह से निकलने वाली गन्ध करती है, तुम अपनी ज़बान से इसका वर्णन मत करो।

8. मेरे गुरु शम्सुद्दीन, तबरेज़ से बिल्कुल ऐसे चले आ रहे हैं, जैसे नया नया चाँद हो
तुम अपनी नज़र चराग़ की ओर रखो, चराग़दान की तरफ़ मत देखो।

85. लज़्ज़ते जान

1. मन मस्त् ओ तू दीवाने मा–रा की बरद ख़ाने
सद बार तु–रा गुफ़्तम कम ज़न दो से पैमाने

2. दर शह्र यकी कस रा हुशियार न मीबीनम
हर यक बतर् अज़ दीगर शूरीदे व दीवाने

3. जाना बे ख़राबात् आ, ता लज़्ज़ते जान् बीनी
जान् रा चे ख़ुशी बाशद बी सोहबते जानाने

4. तू वक़्फ़े ख़राबाती दख़्ल–त मय् ओ ख़र्ज–त मय
ज़् ईन् वक़्फ़ बे हुश्यारान्, मसिपार यकी दाने

5. ऐ लूली ए बर्बत–ज़न! तू मस्ततरी या मन?
ऐ पीशे चू तू मस्ती अफ़सूने मन् अफ़्साने

6. अज़ ख़ाने बिरून् रफ़्तम मस्ती–म बे पीश् आमद
दर हर नज़र–श मुज़्मर सद गुलशन् ओ काशाने

7. चून् कश्ती ए बी लंगर कज मी शुदो मज मीशुद
व,ज़ हसरते ऊ मुर्दे सद आक़िल् ओ फ़र्ज़ाने

85. आत्मानन्द

1. देखो, शराब पी पीकर मैं मस्त हो गया और तू भी दीवाना हो गया, अब हम दोनों को घर कौन छोड़ेगा?
   मैंने तुमसे सौ बार कहा था कि दो, तीन प्याले कम पिलाओ।

2. इस शहर में मुझे एक भी होशियार आदमी दिखाई नहीं पड़ता,
   हर आदमी दीवानगी और बदहाली में एक दूसरे से बदतर है।

3. हे प्रिय, अगर आत्मा का आनन्द पाना चाहते हो तो मधुशाला में आओ।
   प्राणेश्वर की संगति के बिना प्राणों को क्या आनन्द मिल सकेगा?

4. तुम मधुशाला के लिए दान की हुई सम्पत्ति हो, तुम्हारा आय और व्यय दोनों शराब ही शराब हैं।
   चतुर-चालाक लोगों को इस सम्पत्ति का एक भी दाना लेने मत देना।

5. ऐ बर्बत बजाने वाली लूली (संगीतकार), ज़रा यह बताओ कि तुम अधिक मस्त हो या मैं?
   तुझ मस्त के सामने तो मेरा सारा जादू अफ़्साने की तरह है।

6. मैं ज्यों ही अपने घर से बाहर निकला, मेरे सामने एक मस्त आदमी आया।
   जिसकी हर नज़र में सैकड़ों गुलिस्तान और महल घुले हुए थे।

7. जब लंगर के बिना नाव डगमगा रही थी,
   और उसकी हसरत में सैकड़ों बुद्धिमान् और विद्वान् लोग मरे जा रहे थे—

8. गुफ़्तम ज़ कुजाई तू तस्ख़र ज़द् ओ गुफ़्त्-ऐ जान
नीमी-म ज़ हिन्दुस्तान नीमी-म ज़ फ़र्ग़ाने

9. नीमी-म ज़ आब् ओ गिल नीमी-म ज़ जान् ओ दिल
नीमी-म लबे दरिया नीमी हमे दुर्दाने

10. गुफ़्तम कि रफ़ीक़ी कुन, बा मन कि मन-म ख़ीश-त
गुफ़्ता कि बेनश्नासम मन ख़ीश ज़ बीगाने

11. मन बीदिल् ओ दस्तार-म, दर ख़ाने ए ख़म्मार-म
यक सीने सुख़न दारम, हीन् शर्ह देहम या ने

8. (ऐसी हालत में) मैंने उससे पूछा कि तुम कहाँ से हो ? तो उसने मज़ाक करते हुए कहा—
आधा तो मैं हिन्दुस्तान से हूँ और आधा फ़रग़ाना* से हूँ।

9. मेरा आधा हिस्सा पानी—मिट्टी से बना है, और आधा हिस्सा आत्मा और हृदय से निर्मित है।
आधा मैं समुद्र का किनारा हूँ और आधा उच्च कोटि के मोतियों का समूह।

10. मैंने उससे कहा कि मेरी सहायता करो क्योंकि मैं तुम्हारा अपना हूँ।
उसने कहा कि मुझे अपने और पराये की पहचान नहीं है।

11. मेरे पास न तो हृदय है और न ही मुकुट। मैं तो मद्यशाला में पड़ा हुआ हूँ।
मेरे पास हृदय भर बातें ज़रूर हैं। तुम बताओ, तुमसे इनका वर्णन करूँ या नहीं।

---

* यह जगह अब उज़बेकिस्तान में है।

86. तश्नेतरी

1. तू दीदी हीच आशिक़ रा कि सैरी बूद अज़ सौदा?
   तू दीदी हीच माही रा कि ऊ शुद सीर अज़्,ईन् दर्या?

2. तू दीदी हीच नक़्शी रा कि अज़ नक़्क़ाश बुगरीज़द?
   तू दीदी हीच वामिक़ रा कि उज़रा ख़ाहद अज़ उज़रा?

3. बुवद आशिक़ फ़िराक़् अन्दर, चू इस्मी ख़ाली अज़ मा,नी
   वली मा,नी चू मा,शूक़ी, फ़राग़त दारद् अज़ अस्मा

4. तू-ई दर्या, मन-म माही, चुनान् दारम कि मी ख़ाही
   बेकुन रह्मत, बेकुन शाही कि अज़ तू मान्दे-अम तनहा

5. अगर आतश तु-रा बीनद, चुनान् दर गूशे बेन्शीनद
   क्,अज़् आतश हर कि गुल चीनद, देहद आतश गुले रा,ना

6. अज़ाब-स्त ईन् जहान् बी तू, मबादा यक ज़मान् बी तू
   बे जाने तू, कि जान् बी तू शिकंजे ओ बला बर मा

7. ज़ही दिलशाद मुर्ग़ी कू, मक़ामी याफ़्त अन्दर इश्क़
   बे कूहे क़ाफ़ कै याबद मक़ाम् ओ जाय जुज़ अन्क़ा

8. ज़ही अन्क़ा ए रब्बानी शहंशह शम्से तबरीज़ी
   कि ऊ शम्स-स्त, नै शर्क़ी व नै ग़र्बी व नै दर जा

86. राम कथा के सुनत अघाहीं ?[78]

1. तुमने किसी ऐसे प्रेमी को देखा है जो प्रेम से तृप्त हो गया हो ?
   तुमने किसी ऐसी मछली को देखा है जो समुद्र से सन्तुष्ट हो गई हो ?

2. तुमने किसी ऐसे चित्र को देखा जो चित्रकार से बच भागता हो ?
   तुमने किसी ऐसे वामिक़ (आशिक़) को देखा जो उज़रा (कुमारी) से तनहाई चाहता हो ?[79]

3. विरह में प्रेमी अर्थ से रहित शब्द की तरह हो जाता है,
   लेकिन जब उसका प्रिय उसे अर्थ की तरह प्राप्त हो जाता है, तब वह शब्द से भी छूट जाता है।

4. तुम समुद्र की तरह हो और मैं मछली की तरह हूँ। मैं वैसा ही बर्ताव करूँगा जैसा कि तुम चाहते हो।
   तुम मुझ पर कृपा करो, मेरे राजा बन जाओ। मैं तुम्हारे बिना अकेला रह गया हूँ।

5. अगर आग तुम्हें देख ले तो वह इस तरह शान्त होकर एक कोने में बैठ जाएगा—
   कि सारे लोग उस आतिश से फूल चुनेंगे और आग से विकसित पुष्प निकलने लगेंगे।

6. यह संसार तुम्हारे बिना आफ़त का पिटारा है, मेरा एक क्षण भी तुम्हारे बिना न हो,
   तुम्हारी जान की क़सम कि तुम्हारे बिना मेरी जान मेरे लिए बन्धन और बला है।

7. उस सौभाग्यशाली पंछी का क्या कहना जिसने प्रेम के राज्य में जगह पा ली,
   अन्यथा, उस क़ाफ़ पर्वत पर अन्क़ा के अलावा और किसको जगह मिल सकती है ?

8. हमारे सम्राट् शम्स तबरेज़ी का क्या कहना! वे ईश्वर के अन्क़ा पक्षी हैं।
   वे एक ऐसे सूरज हैं जो पूरब, पश्चिम या किसी दिशा विशेष में सीमित नहीं हैं।

---

78. श्रीरामचरितमानस 7.52.1 (राम चरित जे सुनत अघाहीं। रस बिसेष जाना तिन्ह नाहीं॥)
79. वामिक़ तथा उज़रा फ़ारसी साहित्य में लैला—मजनूँ की तरह प्रसिद्ध प्रेमीयुगल भी हैं।

87. हीच कस हुशियार नीस्त

1. सारबाना! उश्तुरान् बीन् सर बे सर क़त्तार मस्त
मीर मस्त् ओ ख़ाजे मस्त् ओ यार मस्त् अग़यार मस्त

2. बाग़बाना! रा,द मुत्रिब, अब्र साक़ी गश्त् ओ शुद
बाग़ मस्त् ओ राग़ मस्त् ओ ग़ुंचे मस्त् ओ ख़ार मस्त

3. आसमाना! चन्द गर्दी, गर्दिशे उन्सुर बेबीन
आब मस्त् ओ बाद मस्त् ओ ख़ाक मस्त् ओ नार मस्त

4. हाले सूरत ईन् चुनीन् ओ हाले मा,नी ख़ुद मपुर्स
रूह मस्त् ओ अक़्ल मस्त् ओ वह्म मस्त् असरार मस्त

5. साक़िया, बादे यकी कुन, चन्द बाशद अरबदे
दूस्तान् ज़्,इक़रार मस्त् ओ दुश्मनान् ज़्,इन्कार मस्त

6. शम्से तबरीज़ी बे दौर-त हीच कस हुशियार नीस्त
काफ़िर् ओ मोमिन ख़राब् ओ ज़हिद् ओ ख़म्मार मस्त

87. कूपहिं में यहँ भंग परी है*

1. ऐ ऊँट चलाने वाले! ऊँटों को देखो, वे कतार के कतार मस्त हुए जा रहे हैं। कारवाँ का सरदार मस्त है, स्वामी मस्त है, यार मस्त हैं और दुश्मन भी मस्त हो रहे हैं।

2. ऐ बाग़बाँ! बिजली संगीतकार बन गई है और बादल साक़ी बन गया है। जिससे बाग़ मस्त हो गए हैं, रेगिस्तान मस्त हैं, कलियाँ मस्त हो गई हैं और काँटे भी मस्त हैं।

3. ऐ आसमान! तू अकेले कब तक घूमता रहेगा, ज़रा इन पञ्चतत्त्वों** की गर्दिश को भी देख ले।
पानी मस्त है, हवा मस्त है, मिट्टी मस्त है और आग भी मस्त है।

4. सूरत (बाह्य प्रकृति) की हालत तो इस तरह है, मा,नी (आन्तरिक प्रकृति) की हालत तो बिल्कुल न पूछो।
आत्मा मस्त है, बुद्धि मस्त है, भ्रम मस्त है और रहस्य मस्त हैं।

5. ऐ साक़ी! दोनों शराबों को मिला दो, ये झगड़ा कब तक होता रहेगा?
दोस्त इक़रार में मस्त हैं और दुश्मन इन्कार में मस्त हैं।

6. ऐ शम्से तबरेज़! तुम्हारे दौर में कोई भी आदमी होश में नहीं है।
काफ़िर हों या मोमिन, सन्त हों चाहे शराबख़ाने वाले, सब मस्त हैं।

---

* भारतेन्दु हरिश्चन्द्र

** इस्लामी तत्त्वशास्त्र में के 4 तत्त्व स्वीकार किए गए हैं

88. शम्स् ओ क़मर-म आमद

1. शम्स् ओ क़मर-म आमद सम्ओ बसर-म आमद
   व्,आन् सीमबर-म आमद व्,आन् काने ज़र-म आमद

2. मस्ती ए सर-म आमद, नूरे नज़र-म आमद
   चीज़े दिगर् अर ख़ाही चीज़े दिगर-म आमद

3. आन राहज़न-म आमद, तोबेशिकन-म आमद
   आन् यूसुफ़े सीमीन्बर, नागह बे बर-म आमद

4. आन् कस कि हमी जुस्तम, दी मन बे चराग़् ऊ रा
   इमरूज़ चू तंगे गुल, बर रहगुज़र-म आमद

5. दो दस्त कमर कर्द् ऊ, बेगिरिफ़्त मरा दर बर
   ज़्,आन् ताजे निकूरूयान् नादिरकमर-म आमद

6. अज़ मर्ग चेरा तर्सम, कू आबे हयात आमद
   व,ज़ ता,ने चेरा तर्सम चून् ऊ सिपरन्म आमद

7. अज़ हद चु बेशुद दर्द-म, दर इश्क़ सफ़र कर्दम
   या रब चे सआदत-हा, कि ज़्,ईन् सफ़र-म आमद

8. वक़्त-स्त कि मै नूशम ता बर्क़ ज़नद हूश-म
   वक़्त-स्त कि बर पर्रम चून् बालो पर-म आमद

88. रामदेव मोरे पाहुन आए[80]

1. मेरा सूरज, मेरा चाँद आ पहुँचा। मेरा कान, मेरी आँख आ पहुँचा।
   वह मेरा चाँदी जैसे सीने वाला आ गया, वह मेरे सोने की खान (मेरा प्रिय) आ गया।

2. वह मेरे दिमाग़ का सुरूर आ गया। वह मेरी आँखों का नूर आ गया।
   अगर तुम्हें किसी और के भी आने की इच्छा थी तो इसके आने से वह सब कुछ आ गया।

3. वह मेरी राहों का लुटेरा आन पहुँचा। मेरे तोबे को तोड़ डालने वाला आ गया।
   वह चाँदी की तरह सीने वाला यूसुफ़ अचानक आकर मेरे सीने से लग गया।

4. कल रात तक मैं जिसे चिराग़ लेकर ढूँढ़ रहा था—
   आज वही फूल के एक गुच्छे की तरह मेरे रास्ते में मुझे आ मिला।

5. उसने मेरी कमर में अपनी बाहों की करधनी बना दी और मुझे सीने से लगा लिया—
   मेरी कमर को एक ऐसी करधनी मिल गई जो सुन्दरियों के ताज से भी ज्यादा अद्भुत थी।

6. अब मैं मौत से क्यों डरूँ जब मेरा अमृततुल्य प्रिय मेरे पास आ गया।
   और तानों से भी क्यों डरूँ जब उसे मैंने ढाल की तरह सीने से लगा लिया।

7. जब सांसारिक कष्ट हद से बढ़ गए तो मैंने प्रेम की यात्रा प्रारम्भ की।
   केवल परमेश्वर जानता है कि मुझे इस सफ़र में कितनी सौभाग्यपूर्ण उपलब्धियाँ हुईं।

8. अब वह समय आ गया है कि मैं शराब पिऊँ ताकि मेरी चेतना बिजली की तरह चमक उठे।
   अब वह क्षण आ पहुँचा है कि उड़ चलूँ क्योंकि मेरे पंख और डैने दोनों उग आए हैं।

---

80. कबीरदास

89. ग़म मी गुरीज़द

1. चेसान् क,ज़ ग़म दिले दाना गुरीज़द
   दुचन्दान् ग़म ज़ पीशे मा गुरीज़द

2. मगर मा शह्वे ईम् ओ ग़म चु दुज़्द–स्त
   चु मा रा दीद जा अज़ गुरीज़द

3. बेग़ुर्द शीरे इश्क़ो ग़ल्ले ए ग़म
   चू सैद् अज़ शीर दर सहरा गुरीज़द

4. ज़े नाबीना बरह्वे ग़म न दारद
   ज़े पीशे दीदे ए बीना गुरीज़द

5. मरा सौदा–स्त ता ग़म रा बेबीनम
   वलीकन ग़म अज़् ईन् सौदा गुरीज़द

6. हमे आलम बे दस्ते ग़म ज़बून–न्द
   चू ऊ बीनद मरा तनहा गुरीज़द

7. अगर बाला रवम पस्ती गुरीज़द
   व,गर पस्ती रवम बाला गुरीज़द

89. सर्वदु:खानां हानि:[81]

1. जिस तरह चालाक (संसारी) लोगों का दिल दुख से बचकर भागता फिरता है,
उससे भी दुगुनी चाल से दुख मेरे सामने पड़ते ही ख़ुद भाग जाता है।

2. जान पड़ता है कि मैं एक सिपाही होऊँ और दुख कोई चोर हो।
क्योंकि वह जब भी मुझको देख लेता है एक जगह से दूसरी जगह भागता फिरता है।

3. जब इश्क़ का शेर गुर्राता है तो दुख के रेवड़—
—रेगिस्तानों में वैसे ही भागते हैं जैसे शेर से उसका शिकार।

4. नंगे आदमी को अन्धे से कोई कष्ट नहीं होता,
वह तो आँखों वाले से भागता फिरता है।

5. मुझे उत्सुकता है कि मैं दुख को देख सकूँ,
लेकिन शायद दुख मेरी इसी उत्सुकता के नाते भाग जाता है।

6. सारी दुनिया दुख के हाथों त्रस्त है,
लेकिन वही दुख अगर मुझे अकेला भी देख ले, तो भाग निकलता है।

7. अगर मैं ऊपर जाऊँ तो वह नीचे भाग जाता है,
और अगर मैं नीचे जाऊँ तो वह ऊपर भाग निकलता है।

---

81. प्रसादे सर्वदु:खानां हानिरस्योपजायते॥ श्रीमद्भगवद्गीता 2.65 = चित्त के स्वच्छ हो जाने पर सभी दु:ख नष्ट हो जाते हैं।

90. मर्गे आशिक़ान्

1. आशिक़ानी कि बा ख़बर मीरन्द
   पीशे मा,शूक़ चून् शकर मीरन्द

2. अज़ अलस्त् आबे ज़िन्दगी ख़ुर्दन्द
   लाजरम शीवे ए दिगर मीरन्द

3. अज़ फ़रिश्ते गुज़श्ते अन्द बे लुत्फ़
   दूर अज़् ईशान् कि चून् बशर मीरन्द

4. तू गुमान मी बरी कि शीरान् नीज़
   चून् सगान् अज़ बुरूने दर मीरन्द ?

5. हमे रौशन शवन्द, चून् ख़ुर्शीद
   चून् कि दर पा ए आन् क़मर मीरन्द

6. आशिक़ानी कि जाने यकदिगर-न्द
   हमे दर इश्क़े यकदिगर मीरन्द

7. आशिक़ान् जानिबे फ़लक पर्रन्द
   मुन्किरान् दर तके सक़र मीरन्द

8. आशिक़ान् चश्मे ग़ैब बुग्शायन्द
   बाक़ियान् जुम्ले कूर् ओ कर मीरन्द

9. शाहे-शान् बर किनारे लुत्फ़ निहद
   नै चुनीन् ख़्वार् ओ मुह्तज़र मीरन्द

10. दूर अज़् ईशान फ़ना व मर्ग वलीक
    ईन बे तक़दीर गुफ़्तम् अर मीरन्द

90. मौत आशिक़ों की

1. प्रेम करने वाले पूरे होशो हवास में मरते हैं,
उनकी मौत शक्कर जैसी मीठी होती है। क्योंकि वे अपने माशूक़ के सामने मरते हैं।

2. उन्होंने अनादि स्रोत से अमृत का पान कर लिया होता है,
इसलिए अनिवार्यत: उनकी मौत एक अलग तरीक़े की होती है।

3. अपने सद्‌गुणों में वे फ़रिश्तों से भी आगे बढ़े हुए होते हैं।
इसलिए वे किसी ऐरे ग़ैरे आदमी की तरह मरें, यह असम्भव है।

4. क्या तुम सोच भी कर सकते हो कि शेर भी—
—कुत्तों की तरह दर ब दर भटकते हुए मरता होगा?

5. वे सारे आशिक़ सूरज की तरह चमकदार हो जाते हैं।
क्योंकि वे उस चाँद (=महबूब) के पावों पर प्राण छोड़ते हैं।

6. प्रेमी लोग चूँकि एक दूसरे के अपने रूप होते हैं।
इसलिए वे एक दूसरे के प्रेम में ही मर जाते हैं।

7. आशिक़ लोग तो अन्तत: आकाश की ओर उड़ जाते हैं।
जबकि प्रेम से इनकार करने वालों को नरक की गहराइयों में मरना पड़ता है।

8. केवल प्रेमी ही अपनी तीसरी आँख खोल पाते हैं।
बाक़ी तो अन्धे और बहरे ही मर जाते हैं।

9. सम्राट् प्रेमियों को अपनी कृपा के निकट रखता है,
वे कभी भी अपमानित और दुखी हालत में नहीं मरने पाते।

10. नाश और मृत्यु प्रेमियों के पास भी नहीं फटकने पाते
''वे मर जाते हैं'', मेरा यह वाक्य केवल व्याकरणिक रीति से सही है। वस्तुत: नहीं।

91. आन दिलबरे मन

1. आन दिलबरे मन आमद बरे मन
ज़िन्दे शुद् अज़् ऊ बामो दरे मन

2. गुफ़्तम-क़ुनुक़ी इमशब तू मरा
ऐ फ़ित्ने ए मन, शूर् ओ शरे मन

3. गुफ़्ता बेरवम, कारी-स्त मुहिम
दर शह्रे मरा जानो सरे मन!

4. गुफ़्तम् बे ख़ुदा गर तू बेरवी
इमशब न ज़ियद ईन् पैकरे मन

5. आख़िर तू शबी रह्मी नकुनी
बर रंग् ओ रुख़े हमचू ज़रे मन

6. रह्मी न कुनद चश्मे ख़ुशे तो
बर नौहे ओ ईन् चश्मे तरे मन

7. गुफ़्ता—"चेकुनम, चून् रीख़्त क़ज़ा
ख़ूने हमे रा दर साग़रे मन"

8. ख़ामुश, कि अगर ख़ामुश न कुनी
दर बीशे फ़तद ईन् आज़रे मन

91. चितचोर

1. वह मेरा चितचोर, रात मेरे आग़ोश में आया,
   मेरे दरवाज़े और मेरी अटारी उसके आने से ज़िन्दा हो उठे।

2. मैंने उससे कहा—ऐ मेरी जान की आफ़त!, मेरी व्याकुलता!
   आज रात तू मेरा मेहमान बन!

3. उसने कहा—मेरे जानो सर की क़सम, आज रात शहर में—
   —एक बड़ा ज़रूरी काम है, मुझे जाना होगा!

4. मैंने कहा—ख़ुदा की क़सम, अगर आज रात तू गया—
   तो मेरा यह तन ज़िन्दा नहीं बचेगा।

5. आख़िर तू एक रात भी मेरे इस—
   —सोने जैसे पीले पड़े चेहरे पर दया नहीं कर सकता?

6. तुम्हारी सुन्दर आँखें मेरी नम आँखों के—
   —विलाप पर थोड़ा सा भी रहम नहीं कर सकतीं?

7. उसने कहा—"मैं क्या करूँ। जब दुर्दैव ने
   सभी लोगों के ख़ून को मेरे ही प्याले में डाल दिया है।"

8. चुप हो जाओ, क्योंकि अगर तुम चुप नहीं हुए तो
   मेरी यह आग तुम्हारे घर में भी लग जाएगी।

92. ख़न्दीदन

1. जन्नती कर्द जहान् रा ज़ शकर ख़न्दीदन
   आन् के आमूख़्त मरा हमचू शरर ख़न्दीदन

2. गर्चे मन ख़ुद ज़ अदम दिलख़ुश् ओ ख़न्दान् ज़ादम
   इश्क़ आमूख़्त मरा शक्ले दिगर ख़न्दीदन

3. बे सदफ़ मानम, ख़न्दम चू मरा दर शिकनद
   कारे ख़ामान् बुवद् अज़ फ़त्ह् ओ ज़फ़र ख़न्दीदन

4. यक शब् आमद बे विसाक़े मन् ओ आमूख़्त मरा
   जाने हर सुब्ह् ओ सहर, हमचू सहर ख़न्दीदन

5. गर तुरुशरूइ चू अब्र-म, ज़ दरून खन्दान-म
   आदते बर्क़ बुवद वक़्ते मतर ख़न्दीदन

6. ज़र दर् आतश चू बेख़न्दीद, तु-रा मी गूयद
   गर न क़ल्बी, बेनुमा वक़्ते ज़रर ख़न्दीदन

7. गर तू मीरे अजली, अज़् अजल् आमूज़ कुनून
   बे शहे आरियत् ओ ताज् ओ कमर ख़न्दीदन

8. हमचू ग़ुंचे तू निहान ख़न्द् ओ मकुन हमचू नबात
   वक़्ते इश्कूफ़े बे बाला ए सफ़र ख़न्दीदन

92. हसितव्यमेव[82]

1. जिसने मुझे चिनगारी की तरह चिटक कर हँसना सिखाया है,
उसी ने सारी दुनियाँ को अपनी शक्कर जैसी हँसी से स्वर्ग बना दिया है।

2. वैसे तो मैं शुरू से ही प्रसन्न हृदय और हँसता हुआ पैदा हुआ था,
फिर भी प्रेम ने मुझे कुछ अलग ही ढंग से हँसना सिखा दिया।

3. मैं सीपी में ही छिपा रहता हूँ। और अपनी शिकस्त पर (तोड़ने पर) भी हँस पड़ता हूँ।
जो केवल अपनी जीत और सफलता पर हँसते हैं वे कच्चे लोग होते हैं।

4. वह प्रिय, जो हर सुबह सवेरों की जान है, सिर्फ़ एक रात मेरे घर आया—
और मुझे हर सुबह, सुबह की तरह खिलखिलाकर हँसना सिखा गया।

5. यद्यपि मैं बाहर से बादल की तरह गम्भीर लग सकता हूँ, पर अपने अन्दर खिलखिलाता रहता हूँ
बिजली की आदत होती है कि वह केवल बारिश के समय ही खिलखिलाती है।

6. आग में डाला गया सोना हँसता हुआ तुमसे कहता है—
"अगर तुम मिलावटी नहीं हो तो कठिनाइयों में खिलखिला कर दिखाओ।"

7. अगर तुम सेनापति हो तो मौत से सीख लो—
—बदलते रहने वाले राजाओं के ताजों और कमरबन्दों पर हँसना।

8. तुम बड़े पेड़ों की कलियों की तरह छिप छिपकर मुस्कुराओ,
उन घास के तिनकों की तरह नहीं जो खिलते समय अपने पौधे के ऊपर आकर हँसने लगते हैं।

---

82. तस्मात् प्रतीतमनसा हसितव्यमेव ('इस नाते ख़ुश होकर खिलखिलाना चाहिए—' हास्यविनोदवाटिका)

93. हिकायती

1. शुनीदम क्,उश्तुरी गुम शुद ज़ कुर्दी दर बयाबानी
बसी उश्तुर बजुस्त् अज़ हर सुई कुर्दे बयाबानी

2. चू उश्तुर रा न दीद् अज़ ग़म बेख़ुफ़्त् अन्दर किनारे रह
दिल-श अज़ हसरते-उश्तुर, मियाने सद परीशानी

3. दर् आख़िर, चून् दर् आमद शब, बेजस्त अज़ ख़ाब् ओ दिल पुर ग़म
बर् आमद गू ए मह् ताबान्, ज़ रू ए चर्ख़े चौगानी

4. बे नूरे मह बेदीद् उश्तुर, मियाने राह इस्तादे
ज़ शादी आमद-श गिरिये बेसाने अब्रे नैसानी

5. रुख़् अन्दर माहे रौशन कर्द् ओ गुफ़्ता-चून् देहम शर्ह-त
कि हम ख़ूबी ओ हम नीकी ओ हम ज़ीबा ओ ताबानी

6. ख़ुदावन्दा! दर् ईन् मंज़िल, बर् अफ़रूज़् अज़ करम नूरी
कि ता गुम कर्दे ए ख़ुद रा बियाबद अक़्ले-इन्सानी

7. शबे क़द्र-स्त दर जान-त चेरा क़द्र-श नमी दानी
तु-रा मी शूरद् ऊ हरदम, चेरा ऊ-रा न शूरानी

93. एक कहानी

1. मैंने सुना है कि एक चरवाहे का ऊँट रेगिस्तान में खो गया था,
उस रेगिस्तानी चरवाहे ने अपने ऊँट को चारों ओर खूब खोजा।

2. जब उसको ऊँट कहीं नहीं मिला तो बेचारा दुखी होकर रास्ते के किनारे सो गया।
ऊँट की चिन्ता में उसका दिल सैकड़ों परेशानियों से घिर गया था।

3. अन्ततः, जब रात आई तो वह दुखी दिल लेकर नींद से उठा,
तब तक चौगान के मैदान जैसे आसमान में गेंद की तरह चमकता चाँद निकल आया था।

4. चाँद के प्रकाश में उसने देखा कि उसका ऊँट रास्ते के बीच में खड़ा है।
ख़ुशी के मारे वह बरसाती बादलों की तरह रो पड़ा।

5. उसने अपने चेहरे को चाँद की ओर उठाया और बोला—मैं तुम्हारी प्रशंसा कैसे करूँ?
तुम अच्छे भी हो, भले भी हो, सुन्दर भी हो और चमकदार भी हो।

6. हे परमेश्वर, हम लोगों पर भी अपनी कृपा की वह रौशनी फैला दो,
ताकि, हम मनुष्यों की बुद्धि भी अपना खोया हुआ स्वरूप पा जाए।

7. तुम्हारी आत्मा के अन्दर एक उजियारी रात है, तुम उसकी क़ीमत क्यों नहीं समझते?
वह तुम्हें निरन्तर उत्तेजित करती रहती है, तुम उसके संकेतों को क्यों नहीं जान पाते?

8. तु-रा दीवाने कर्दे-स्त् ऊ, क़रारे जान्-त बुर्दे-स्त् ऊ
ग़मे जाने तू ख़ुर्दे-स्त् ऊ, चेरा दर जान्-श न निशानी

9. चू ऊ आब-स्त तू जूई, चेरा ख़ुद रा न मी जूई
चू ऊ मुश्क-स्त् ओ तू बूई, चेरा ख़ुद रा न अफ़्शानी

8. तुमको उसने दीवाना कर डाला है, तुम्हारे प्राणों का चैन उसने छीन लिया है
तुम्हारे प्राणों के दुखों की चिन्ता है उसको, तुम उसको अपने प्राणों में बिठा क्यों नहीं लेते ?

9. अगर तुम धारा हो तो वह तुम्हारा जल है, तुम अपने आप की खोज क्यों नहीं करते ?
अगर वह कस्तूरी तो तुम गन्ध हो, फिर तुम अपने आप को फैला क्यों नहीं देते ?

بابِ وصال

॥ बाब् ए विसाल ॥

(भरत वाक्य)

94. मुतरिबान् रा

1. ख़ुदाया मुतरिबान् रा अंगबीन देह
   बराये ज़र्ब दस्ते आहनीन् देह

2. चू दस्त् ओ पाय् वक़्फ़े इश्क़ कर्दन्द
   तू हम्-शान् दस्त् ओ पा ए रास्तीन देह

3. चू पुर कर्दन्द गूशे मा ज़े पैग़ाम
   तु-शान् सद चश्मे बख़्ते शाहबीन् देह

4. कबूतरवार नालान्-अन्द दर इश्क़
   तु-शान् अज़ लुत्फ़े ख़ुद बुर्जे हसीन देह

5. ज़ मद्हो आफ़रीन-त हूश-हा रा
   चू ख़ुश कर्दन्द, हम्-शान् आफ़रीन देह

6. जिगर-हा रा ज़ नग़्मे आब दादन्द
   ज़ कौसर-शान् तू हम मा ए मईन देह

7. ख़मुश कर्दम करीमा! हाजत-त नीस्त
   कि गूयन्द-त चुनान् बख़्शो चुनीन् देह

94. एक प्रार्थना, संगीतकारों के लिए

1. हे परमेश्वर! संगीत की सृष्टि करने वालों को शहद अता फ़रमा!
   वे ताल दे सकें, इसके लिए उन्हें लोहे के हाथ तोहफ़े में दे।

2. इन्होंने अपने हाथों और पाँवों को प्रेम के रास्ते में न्यौछावर कर दिया है।
   तू भी इन्हें असली वाले हाथ और पैर प्रदान कर दे।

3. इन्होंने हमारे कानों को तुम्हारे दिव्य सन्देश से परिपूर्ण कर दिया है।
   तू भी इन्हें अपना दर्शन करा सकने वाले सैकड़ों नेत्रों वाला भाग्य प्रदान कर दे!

4. ये प्रेम विवश होकर तुम्हें कबूतरों की तरह पुकारते रहते हैं।
   तू भी इन्हें कृपा के बस अपनी मज़बूत बुर्ज पर जगह दे।

5. तुम्हारी प्रशंसा तथा प्रतिष्ठा के बयान से इन्होंने हमारी चेतनाओं को—
   प्रसन्न कर दिया है, तू भी इन्हें शाबाशी दे।

6. इन्होंने हमारे जिगर को अपने गीतों से सींचा है।
   तू भी स्वर्ग के तालाब से इनको ख़ुशगवार पानी अता कर दे।

7. ऐ दानवीर, हम शान्त हो गए। अब हमें तुम्हारी कोई ज़रूरत नहीं है।
   कि तुमसे कहते फिरें—"ऐसे दान करो और इतना दान करो।"

95. साग़रे दर कार

1. फ़ख्ऱे जुम्ले साक़ियानी! साग़र-त दर कार बाद
चश्मे तू मख़्मूर बाद् ओ जाने मा ख़म्मार बाद

2. ऐ ज़े नूशानूशे बज़्म-त हूश-हा बीहूश बाद
व्,ऐ ज़े जूशाजूशे इश्क़-त अक़्ल बी-दस्तार बाद

3. चून् ज़नाने मिस्र जान् रा जान् ओ दिल मजरूह बाद
यूसुफ़े मिस्री हमीशे शूरिशे बाज़ार बाद

4. साक़िया! अज़ दस्ते तू बस दस्त-हा अज़ दस्त शुद
मस्ते तू अज़ दस्ते तू पैवस्ते बरख़ुर्दार बाद

5. शाहे ख़ूबान् मीरे मा ओ इश्क़े गीरागीरे मा
जाने दौलत यारे मा ओ बख़्त् ओ दौलत यार बाद

6. सरकशी-म् ओ सरख़ुशी-म् ओ यकदिगर रा मी कशीम
ईन वजूदे मा हमीशे जाज़िबे असरार बाद

95. कारसाज़ प्याला

1. ऐ सारे साक़ियों के लिए फ़ख़्र, मेरे प्यारे साक़ी! तुम्हारा प्याला कारसाज़ रहे। तुम्हारी आँखें नशीली रहें और हमारी जान मयख़ाना बना रहे।

2. तुम्हारी महफ़िल के निरन्तर पीने और पिलाने की वजह से सारे होश बेहोश पड़े रहें।
और तुम्हारे इश्क़ की उबाल के नाते अक़्ल के सर से पगड़ी जाती रहे।

3. मिस्त्र की औरतों की तरह आत्मा के प्राण और हृदय दोनों घायल हो जायँ। और मिस्त्र के यूसुफ़ का दाम बाज़ार में लगातार बढ़ता रहे।

4. ऐ साक़ी, तुम्हारे हाथों बहुत सारे हाथ हाथों से हाथ धो बैठे हैं। तुम्हारे मतवाले तुम्हारे हाथों से निरन्तर रसपान करते रहें।

5. सुन्दर लोगों का शाहंशाह हमारा सम्राट् बन जाए। इश्क़ हम लोगों की व्यस्तता बना रहे।
वैभव का सारतत्त्व (प्रिय) हमारा यार बना रहे और सौभाग्य तथा सम्पत्ति हमारे मित्र बने रहें।

6. हम बग़ावत करने वाले और बदमस्त लोग हैं। हम एक दूसरे को अपनी ओर खींचने वाले हैं।
हमारा यह अस्तित्व हमेशा रहस्यों को आकर्षित करता रहे।

96. हंगामे कूच

1. ऐ आशिक़ान्! ऐ आशिक़ान्! हंगामे कूच-स्त अज़ जहान्
दर गूशे जानम मी रसद तब्ले रहील् अज़ आसमान्

2. न,क सारेबान् बरख़ास्ते क़त्तारहा आरास्ते
अज़ मा हलाली ख़ास्ते चे ख़ुफ़्ते-ईद् ऐ कारवान्

3. ईन् बाग़-हा अज़ पीश् ओ पस बाँगे रहील् अस्त् ओ जरस
हर लहज़े ई नफ़्स् ओ नफ़स सर मीकुनद दर लामकान्

4. ज़्,ईन् शम्मा-हा ए सरनिगून् ज़्,ईन् पर्दा-हा ए नीलगून्
ख़ल्क़ी अजब आमद बरून् ता ग़ैब-हा गर्दद अयान्

5. ज़्,ईन् चर्खे़ दूलाबी तुरा आमद गरान् ख़ाबी तुरा
फ़र्याद् अज़ीन् उम्रे सुबुक ज़िन्हार अज़ीन् ख़ाबे गरान्

6. ऐ दिल! सु ए दिलदार शौ ऐ यार! सू ए यार शौ
ऐ पासबान बीदार शौ ख़ुफ़्ते न शायद पासबान

96. प्रयाणकाले[83]

1. ऐ प्रेम करने वालो ! अब इस संसार से कूच करने का मेरा समय आ पहुँचा है। मेरी आत्मा के कान में आसमान से आने वाली कूच के नगाड़े सुनाई पड़ रहे हैं।

2. ऊँटों को चलाने वालों ने उठकर अपनी क़तारें सजा ली हैं। उन्होंने मुझसे अपनी गुनाहों की बख़्शिश भी करवा ली है।[84] ऐ काफ़िले वालो ! तुम अब भी सोये हुए क्यों हो ?

3. ये आवाज़ें आगे या पीछे से केवल कूच और घण्टों की आवाज़ें हैं। यह कारवाँ प्रतिक्षण उस जगह की ओर जा रहा है, जहाँ न तो प्राण है और न ही आत्मा।

4. इन औंधे दीपकों (=तारों) और इन नीले रंग के पर्दों से— —अद्‌भुत विलक्षणताएँ प्रकट हो रही हैं, ताकि अदृश्य लोक के रहस्य तुम पर स्पष्ट हो सकें।

5. इस रहट जैसे चक्र (भाग्यचक्र) ने तुम्हें गहरी नींद में डाल दिया है। इस सरपट दौड़ने वाले उम्र से सावधान रहने की फ़रियाद है, इस गहरी नींद से बचने की गुहार है।

6. हे हृदय ! हृदयेश्वर के निकट चलो, हे मेरे मित्र ! अपने प्रियतम के पास चलो। हे प्रहरी ! तुरन्त जग जाओ। क्योंकि प्रहरी का सोना शोभा नहीं देता।

---

83. भगवद्‌गीता 8.10

84. मुस्लिमों में यह प्रथा है कि मरते समय वे किसी के प्रति किए गए अपराधों को क्षमा कराते हैं।

7. हर सू ए बांग् ओ मश़गले हर कूए शम्म् ओ मश्अले
क्,इम्-शब जहाने हामिले ज़ायद जहाने जाविदान्

8. तू गिल बुदी ओ दिल शुदी, जाहिल बुदी आक़िल शुदी
आन् क्,ऊ किशीद-त ईन् चुनीन् आन् सू किशानद किश-किशान्

9. अन्दर कशाकश-हा ए ऊ, नूश-स्त नाखुश-हा ए ऊ
आब-स्त आतश-हा ए ऊ बर वै मकुन रू रा गिरान्

10. दर जान निशस्तन कारे ऊ, तोबे शिकस्तन कारे ऊ।
अज़ हीले ए बिस्यारे ऊ चून् ज़र्रा-हा लर्ज़ान् दिलान्

11. दर मन कसी दीगर बुवद कीन् च (ख़)श्म-हा अज़ वै जेहद।
गर आब सूज़ानी कुनद ज़्, आतश बुवद ईन् रा बेदान्

12. दर कफ़ न दारम संग मन बा कस न दारम जंग मन
बर कस न गीरम तंग मन ज़ीरा ख़ुशम चून् गुल्सितान्

13. पस च(ख़)श्मे मन ज़्,आन् सर बुवद व,ज़ आलमे दीगर बुवद
ईन सू जहान आन सू जहान बिन्शस्ते मन बर आस्तान्

14. बर आस्तान आन् कस बुवद क्,ऊ नातिक़े अख़रस बुवद
ईन रम्ज़ गुफ़्तन बस बुवद दीगर मगू दर किश ज़बान्

7. आज हर तरफ़ दिये और मसालें जल रही हैं, और हर तरफ़ एक कोलाहल और हर्षध्वनि है—
कि आज रात यह गर्भवती नाशवान् सृष्टि एक अविनश्वर संसार को पैदा करेगी।

8. तुम पहले मिट्टी थे अब साक्षात् हृदय बन गए हो। पहले मूर्ख थे अब होशियार हो गए हो।
जिसने तुम्हें इस तरह आकर्षित किया है, वही तुम्हें वहाँ तक खींचते हुए ले जाएगा।

9. उसकी इस खींचतान में तुम्हें जो कष्ट मिलें वे बहुत ही मधुर होंगे।
उसकी आग वस्तुत: जल जैसी शीतल हैं। उससे मुँह मत फेरो।

10. उस (प्रिय) का काम है दिल में बैठ जाना, उसका व्यापार है तोबे को तोड़ डालना।
उसके इतने सारे फ़रेबों से दिल धूल के कणों की तरह लरज़ने लगता है।

11. मेरे अन्दर कोई और ही है जिस तक लोगों की आँखें नहीं पहुँच पातीं।
अगर पानी में जलाने की शक्ति आ जाती है तो समझ लो कि यह सामर्थ्य अग्नि का ही है।

12. मैं अपने हाथों में पत्थर नहीं रखता। किसी के साथ मेरी लड़ाई नहीं है।
किसी के प्रति मैं संकुचित नहीं हूँ—क्योंकि मैं एक बाग़ की तरह प्रसन्न हूँ।

13. यानी मेरी आँख उस सर से सम्बन्धित है। इसका सम्बन्ध किसी दूसरी दुनिया से है।
इधर उधर भटकने के बाद मैं इस चौखट तक आ पहुँचा हूँ।

14. इस चौखट पर वही आ सकता है जो वाचाल मूक हो।
इतना रहस्य बताना ही काफ़ी होगा। इससे ज़्यादा मत बोलो। अपनी ज़बान पीछे खींच लो।

97. ख़लासे जान

1. बे रूज़े मर्ग चु ताबूते मन रवान् बाशद
गुमान मबर के मरा दर्दे ईन जहान् बाशद

2. बराये मन मगिरिय् ओ मगू दरीग़ दरीग़
बे दामे दीव दर् उफ़्ती दरीग़ आन् बाशद

3. जनाज़े-अम चु बेबीनी मगू फ़िराक़ फ़िराक़
मरा विसाल् ओ मुलाक़ात आन ज़मान् बाशद

4. मरा बे गूर सपारी मगू विदाअ विदाअ
कि गूर पर्द ए जम्ईअते जिनान् बाशद

5. फ़ुरू शुदन चु बेदीदी बरामदन बिनगर
ग़ुरूबे शम्स् ओ क़मर रा चेरा ज़ियान् बाशद

6. तुरा ग़ुरूब नमायद व लीक शर्क़ बुवद
लहद चु हब्स नुमायद ख़लासे जान् बाशद

97. मरिष्येति पशुबुद्धिमिमां जहि [85]

1. मृत्यु के दिन जब मेरी अर्थी उठे—
   —तो तुम्हें यह भ्रम नहीं होना चाहिए कि मुझमें इस संसार की वासनाएँ और कष्ट बाक़ी रहेंगे

2. मेरे लिए रोना मत और शोक में आकर हाय हाय न करना।
   शोक तो उसके लिए किया जाता है जो आसुरी जाल में फँसा हुआ हो।

3. जब तुम मेरी अर्थी को देखो तो, विछोह-विछोह न कहो!
   वह क्षण तो मेरे लिए (प्रियतम से) मिलन और संसर्ग का होगा।

4. मुझे क़ब्र के सुपुर्द करते हुए मुझसे विदा-विदा न कहना!
   क्योंकि वह क़ब्र तो सारी जन्नतों और मेरे बीच बस एक आख़िरी पर्दा है।

5. अगर तुमने मेरा अन्दर जाना देखा है तो बाहर निकलना भी देखोगे!
   अस्त होने से सूर्य या चन्द्रमा को भला क्या हानि होती है?

6. तुमको लगता है कि वे डूब रहे हैं लेकिन वस्तुत: वे उग रहे होते हैं।
   कब्र तुमको कारागार लगती होगी लेकिन वस्तुत: वह तो आत्मा की मुक्ति का मार्ग है।

---

85. श्रीमद्भागवत—12.05.02 (पशुओं की तरह यह सोचना छोड़ दो कि मैं मर जाऊँगा।)

९८. दफ़ए अज्दहा

1. रौ सर बेनेह बे बालीन्, तनहा मरा रिहा कुन
   तर्के मने ख़राबे शबगर्दे मुब्तला कुन

2. मा-ईम् ओ मौजे सौदा, शब ता बे रूज़ तनहा
   ख़ाही बिया बेबख़्शा, ख़ाही बोरो जफ़ा कुन

3. अज़ मन गुरीज़, ता तू हम दर बला न उफ़्ती
   बुग्ज़ीन रहे सलामत, तर्के रहे बला कुन

4. ख़ीरेकुशी-स्त मा-रा दारद दिली चू ख़ारा
   बुक्शद, कस-श न गूयद-तदबीरे ख़ून्बहा कुन

5. बर शाहे ख़ूबरूयान् वाजिब वफ़ा नबाशद
   ऐ ज़र्दरू ए आशिक़ तू सब्र कुन, वफ़ा कुन

6. दर्दी-स्त ग़ैरे मुर्दन, क,ऊ-रा दवा नबाशद
   पस मन चेगूने गूयम ईन् दर्द रा दवा कुन

7. दर ख़ाब, दूश पीरी दर कू ए इश्क़ दीदम
   बा दस्त इशारतम कर्द, के अज़्म सू ए मा कुन

8. गर अज्दहा-स्त बर रह, इश्क़-स्त चून् ज़मुर्रद
   अज़ नर्क़े ईन् ज़मुर्रद, हीन दफ़ए अज्दहा कुन

98. आख़िरी अर्दास

1. जाओ, तुम भी अपने सर को तकिए पर रखकर सो जाओ, और मुझे अकेला छोड़ दो!
मुझ उजड़े, रात में घूमने वाले और आविष्ट व्यक्ति को ऐसे ही रहने दो।

2. हम हैं और रात दिन अकेले अकेले पागलपन की मौज है।
चाहे आकर मुझे बख़्श जाओ या मुझ पर अत्याचार ही करते रहो।

3. मुझसे दूर ही रहो ताकि तुम को भी यह इश्क़ की बला न लग जाये।
अच्छा यह होगा कि सलामती के रास्ते को चुनो और इस आफ़त के रास्ते को छोड़ दो।

4. बहुत ही निर्दय क़ातिल है वह (प्रिय)। उसके पास पत्थर का दिल है।
जब वह मार डालता है तो कोई उसे यह भी नहीं कह पाता है कि इस क़त्ल का हर्ज़ाना भरो।

5. सुन्दर लोगों का सम्राट् है वह। उससे प्रेम में एकनिष्ठता की आकांक्षा न रखो।
ऐ पीले पड़े चेहरे वाले आशिक़! तू अपनी ओर से सब्र कर और वफ़ा कर।

6. संसार में मौत के अलावा और कोई दर्द नहीं है जिसकी दवा न हो।
फिर मैं कैसे कहूँ कि इस मौत के दर्द की दवा करो।

7. कल रात मैंने अपने सपने में एक बूढ़े आदमी को देखा।
वह मुझे अपने हाथ से इशारा कर रहा था कि मेरी ओर आओ।

8. अगर तुम्हारे रास्ते में अजगर है तो कोई बात नहीं, तुम्हारे पास भी प्रेम रूपी पन्ना मणि रहनी चाहिए।
इस पन्ने की चमक से उस अजगर को रास्ते से हटा दो[86]

---

86. यह काव्यरूढ़ि है कि पन्ने की चमक से साँप अन्धा हो जाता है।

99. वस्ल रा हिज्रान् मकुन

1. ऐ ख़ुदा! ईन् वस्ल रा हिज्रान् मकुन
   सरख़ुशाने इश्क़ रा नालान् मकुन

2. बाग़े जान रा ताज़े ओ सरसब्ज़ दार
   क़स्दे ईन् मस्तान् ओ ईन् बुस्तान् मकुन

3. चून् ख़ज़ान् बर शाख़् ओ बर्गे दिल मज़न
   ख़ल्क़ रा मिस्कीन् ओ सरगर्दान् मकुन

4. बर दरख़्ती क्,आशियाने मुर्ग़े तू-स्त
   शाख़ मशिकन, मुर्ग़ रा पर्रान् मकुन

5. ईन् तनाबे ख़ेमे रा बर हम मज़न
   ख़ेमे ए तू-स्त् आख़िर ऐ सुलतान्! मकुन

6. नीस्त दर आलम ज़ हिज्रान् तल्ख़तर
   हर चे ख़ाही कुन वलीकन आन् मकुन

99. प्रेमियों के लिए प्रार्थना

1. ऐ ख़ुदा! इस मिलन को जुदाई में मत बदलने देना।
   प्रेम में प्रसन्न लोगों को चीत्कार करने पर विवश न कर देना।

2. प्राणों की वाटिका को ताज़ा और हरा भरा बनाये रखना।
   इन मस्त लोगों और इनके गुलिस्तान को नाबूद करने का मन न बना लेना।

3. दिल की डालियों और पत्तों पर पतझड़ की तरह हमलावर मत होना।
   जो तुम्हारे लोग हैं उन्हें दुखी और परेशान मत बनाना।

4. जिस पेड़ पर तुम्हारी अपनी चिड़ियों का आशियाना है।
   उसकी डाल को न तोड़ देना कि सारे पंछियों को उड़ जाना पड़े।

5. ऐ सुल्तान, इस तम्बू की रस्सियों को दरहम बरहम न करना।
   यह ध्यान में रहे कि इन रस्सियों पर टिके सारे ख़ेमे तुम्हारे हैं।

6. सारे संसार में विरह से अधिक कड़वा कुछ भी नहीं होता।
   चाहे और कुछ भी कर देना, लेकिन वह (विरह का प्रसंग उपस्थित) मत करना।

100. इश्क़ जुम्ले सूद बाद

1. ऐ ख़ुदा! अज़ आशिक़ान् ख़ुशनूद बाद
   आशिक़ान् रा आक़िबत महमूद बाद

2. आशिक़ान् रा अज़ जमाल-त ईद बाद
   जाने-शान दर आतिश-त चून् ऊद बाद

3. हर के गूयद कि—"ख़लास-श देह ज़ इश्क़"
   आन् दुआ अज़ आसमान् मरदूद बाद

4. मह कम् आयद मुद्दती दर राहे इश्क़
   आन् कमी ए इश्क़ जुम्ले सूद बाद

5. दीगरान् अज़ मर्ग मुहलत ख़ास्तन्द
   आशिक़ान् गूयन्द-नै नै ज़ूद बाद

6. आसमान अज़ दूदे आशिक़ साख़्ते-स्त
   आफ़रीन् बर साहिबे ईन् दूद बा

100. प्रेमियों के लिए दुआ

1. हे प्रभु आप प्रेम करने वालों से हमेशा ख़ुश-प्रसन्न रहें!
   प्रेमियों का अन्त हमेशा भला और प्रशंसित हो।

2. तुम्हारे सौन्दर्य को देख देख कर आशिक़ों की ईद होती रहे।
   तुम्हारी आग में उनके प्राण अगर की तरह सुलगते रहें।

3. यदि कोई दयावश उनके लिए प्रार्थना करे कि इनको प्रेम के कष्टों से मुक्ति मिल जाए—
   —तो वह दुआ आसमान से टकराकर नीचे लौट आए। स्वीकार ही न हो।

4. प्रेम के रास्ते में चाँद कुछ मुद्दत के लिए घट भी जाता है।
   प्रेम के मार्ग का वह सारा घाटा उसके लिए मुनाफ़ा हो जाए।

5. दूसरे लोग मौत से थोड़ी मुहलत माँगते हैं।
   प्रेमी लोग कहते हैं—नहीं नहीं, मृत्यु बाद में क्यों, अभी आ जाए।

6. आसमान, प्रेमियों के आहों से निकलने वाले धुँए से बना हैं।
   जिनके धुँए से यह आसमान बना है उनको शाबाशी हो।

परिशिष्ट

ग़ज़लों की अनुक्रमणिका